FELIPENETO
O INFLUENCIADOR

Copyright © 2021 **Nelson Lima Neto**
Direção editorial: **Bruno Thys** e **Luiz André Alzer**
Capa, projeto gráfico e diagramação: **Renata Maneschy**
Revisão: **Luciana Barros**
Foto da capa: **Leo Aversa/Agência O Globo**
Tratamento de imagens: **Sidnei Sales**

	Dados Internacionais de Catalogação na Publicação (CIP)
	(eDOC BRASIL, Belo Horizonte/MG)
L732f	Lima Neto, Nelson. Felipe Neto: o influenciador / Nelson Lima Neto. – Rio de Janeiro, RJ: Máquina de Livros, 2021. 216 p. : foto. color. ; 16 x 23 cm Inclui bibliografia ISBN 978-65-00-22915-8 1. Vieira, Felipe Neto Rodrigues, 1988- -- Biografia. I. Título.
	CDD 920

Grafia atualizada segundo o Acordo Ortográfico da Língua Portuguesa de 1990, em vigor no Brasil desde 2009

1ª edição, 2021

Todos os direitos reservados à Editora Máquina de Livros LTDA
Rua Francisco Serrador 90 / 902, Centro, Rio de Janeiro/RJ – CEP 20031-060
www.maquinadelivros.com.br
contato@maquinadelivros.com.br

Nenhuma parte desta obra pode ser reproduzida, em qualquer meio físico ou eletrônico, sem a autorização da editora

NELSON LIMA NETO

FELIPENETO
O INFLUENCIADOR

*Aos meus pais, Adriana e José Carlos;
aos meus irmãos, Caio e Julia;
e a Estela, minha companheira na vida
e parte fundamental neste livro*

SUMÁRIO

Introdução **9**
1 – Nas ruas do Engenho Novo **15**
2 – O primeiro palco **22**
3 – Jack Sparrow **30**
4 – Não Faz Sentido **37**
5 – Hater com muito orgulho **47**
6 – Flerte com a TV **52**
7 – Um pioneiro no YouTube **57**
8 – Los Angeles é logo ali **64**
9 – Tempos difíceis **70**
10 – Oláááá, eu sou Felipe Neto! **76**
11 – Luccas, mas pode chamar de Xuxa **83**
12 – A terra dos Neto **90**
   Fotos **97**
13 – Entre tapas e beijos **121**
14 – Uma rede de polêmicas **128**
15 – Politicamente correto **138**
16 – Um incendiário sem partido **143**
17 – Cruzada contra a intolerância **150**
18 – Novos negócios, novo discurso **156**
19 – Da arquibancada para o camarote **164**
20 – O duelo Felipe x Jair **171**
21 – Prestígio sob os holofotes **180**
22 – Em nome da família **188**
23 – Influenciador internacional **195**
24 – Próximas batalhas **202**

INTRODUÇÃO

O dia 29 de julho de 2020 foi de chuva no Rio de Janeiro, com nuvens cinzentas e vento gelado, cenário que traduzia o ambiente carregado que se apresentava diante de Felipe Neto Rodrigues Vieira, à época com 32 anos, um dos youtubers mais assistidos do mundo e com quase 70 milhões de seguidores em suas redes sociais. Eram as 24 horas finais de uma semana marcada por uma bem estruturada série de ataques de ódio e desinformação, liderada pelos apoiadores do presidente Jair Messias Bolsonaro. O cerco, que visava acabar com a sua carreira, transbordou do universo da internet para o mundo real e o tornou alvo prioritário dos bolsonaristas.

Na porta de seu condomínio, na Barra da Tijuca, Zona Oeste do Rio de Janeiro, acompanhado por um carro de som, um grupo de seguidores do presidente chamava Felipe de "mulambo, destruidor da família" e fazia ameaças a sua integridade física. Alguns haviam participado dos ataques à sede do Supremo Tribunal Federal em Brasília, com fogos de artifício, no mês anterior. A explosão de ódio fora detonada por um vídeo publicado no "The New York

Times", um dos jornais mais relevantes do mundo, duas semanas antes, em 15 de julho. Felipe tinha sido escolhido para estrelar um vídeo-opinião retratando a situação do Brasil em meio à pandemia e à administração Bolsonaro.

Em seis minutos e 24 segundos, num inglês fluente, ele concluiu: "Bolsonaro faria Donald Trump parecer o Patch Adams, o médico palhaço eternizado no cinema por Robin Williams em 'O amor é contagioso'". Na época, o Brasil tinha 72 mil mortos por Covid-19. Mesmo habituado ao ambiente carregado da internet, muitas vezes tóxico e violento, Felipe se surpreendeu com a reação dos bolsonaristas. "Vieram atrás de mim, dentro da minha casa. É um nível de perseguição que eu não imaginei que aconteceria. Sabe aquele vilão de novela que você fala assim: não existe na vida real? Mas existe. Ele está aí, ele acontece. E eu estou vendo agora, na prática, até onde as pessoas são capazes de ir", protestou em entrevista no dia 30 de julho ao "Jornal Nacional", na TV Globo. Ele se queixou também da onda de desinformação da qual se tornara alvo, que incluía imagens com montagens falsas ligando-o à pedofilia.

Conhecido inicialmente pelos vídeos engraçados para crianças e adolescentes, Felipe mudou de patamar ao assumir a agenda do empresário bem-sucedido, engajado em causas sociais e combativo na defesa da democracia. Ele ganhou relevância nos últimos anos com posicionamentos contundentes contra Bolsonaro e sua cruzada antidemocrática. Não que as críticas políticas tenham começado somente com a ascensão ao poder do capitão reformado do Exército e ex-deputado federal. O influenciador fez oposição a governos anteriores, principalmente aos do Partido dos Trabalhadores.

O ato na frente de sua casa foi mais um exemplo da polarização política no Brasil. Felipe cobrou que o maior número possível de pessoas, principalmente as figuras públicas, reagissem à recente "escalada de intolerância" desde a posse de Bolsonaro, em 2019. Em um vídeo postado em seu perfil no Instagram, em maio de

2020, ele acusava de cúmplice quem se mantivesse em silêncio diante de "um regime fascista". Seu nome se tornou estandarte de setores progressistas, algo inimaginável até aquele momento para quem acompanhava sua trajetória a partir de 2010.

Em março de 2021, menos de oito meses depois do episódio na porta da casa do influenciador, a própria família Bolsonaro partiria para o ataque direto: o vereador Carlos Bolsonaro foi à polícia queixar-se de Felipe, que, com o Brasil na época sem leitos nem vacinas e chegando a 300 mil mortes pela Covid-19, referira-se ao presidente como "genocida". Carlos pediu seu enquadramento na Lei de Segurança Nacional, mas foi barrado pela Justiça.

Quando atacado, Felipe Neto costuma reagir no mesmo tom e com medidas tangíveis para marcar posição e se proteger de futuras agressões. Desta vez não foi diferente. Ele organizou um grupo com advogados de primeira linha, que batizou de "Cala Boca Já Morreu", para oferecer defesa gratuita a quem se sentisse tolhido em suas críticas contra governos e políticos.

* * *

Felipe é um dos personagens centrais do debate político, social e cultural do país na atualidade, listado em 2020 entre as cem pessoas mais influentes do mundo pela revista americana "Time". Um carioca com ensino médio, que cresceu no subúrbio do Rio de Janeiro, em uma família católica de classe média baixa. Com um currículo de muitas páginas, que inclui de negócios falidos a participação no curso para futuros empreendedores na prestigiadíssima universidade de Harvard, sua principal marca é a de ser influenciador de milhões de brasileiros, denominação que surgiu com a expansão das redes sociais e elevou pessoas comuns à condição de famosos, com fiéis seguidores e contas bancárias milionárias. São celebridades do mundo digital, que ditam tendências, consumo e formas de pensar.

A internet foi o palco da transformação de Felipe. Em apenas uma década, ele deixou de lado a timidez dos tempos de colégio e iniciou sua trajetória de forma controversa, compartilhando mensagens muitas vezes preconceituosas em vídeos amadores, gravados com uma câmera simples. Felipe era o que hoje se chama de *hater*, perfil comum nas redes sociais, de gente que vive em guerra atacando ferozmente o que não lhe agrada.

Para boa parte dos estudiosos da rede, Felipe cresceu à base de críticas e da discórdia, aspectos marcantes da internet nos últimos anos. Em sua defesa, ele diz que era um personagem, a partir de um despretensioso perfil no YouTube, plataforma norte-americana de valor de mercado imensurável, cuja premissa é disponibilizar estrutura a qualquer interessado em levar um vídeo ao ar. Com liberdade plena, Felipe idealizou o quadro "Não faz sentido", em 2010, um esquete em que repercutia o que era sucesso nas redes sociais e nos grupos de discussão on-line, sempre com opiniões ácidas e sem filtro.

A comparação entre os seus primeiros vídeos com as produções mais recentes revela uma quase ausência de paralelo entre o jovem desbocado do início dos anos 2010 com o hoje adulto defensor de minorias, homem de negócios de enorme sucesso e com voz ativa no cenário político nacional. O rapaz – ou personagem – revoltado ficou no passado. Quem convive com Felipe assegura que a transformação é real: ele preserva o jeito brincalhão no trato com amigos e parentes, enquanto os posicionamentos políticos e sociais guiam seu comportamento no dia a dia e na trajetória como empresário.

* * *

O tino para negócios também é precoce: aflorou meses após despontar com seus vídeos. Idealizou o primeiro canal de humor no YouTube brasileiro, o Parafernalha, empreendimento que abriu caminho para o entretenimento como segmento viável na internet. Felipe fez muitas amizades, quebrou recordes de audiência, mas, desde os primeiros milhões de visualizações, desperta ódios e paixões com a mesma intensidade.

Hoje, integra a seleta lista dos grandes empresários do mundo digital. Ao lado do irmão mais novo, Luccas, diversificou os investimentos e construiu uma verdadeira máquina de fazer dinheiro, que lhe garante uma vida de luxo, mas sem ostentação gratuita. O caçula seguiu seus passos e criou um universo encantado e altamente rentável, por meio de filmes, peças de teatro, músicas, brinquedos, livros e outros tantos produtos com a sua marca voltados para o público infantil. Ambos movimentam fortunas em negócios que recorrentemente são assunto na mídia.

Foi no espaço de uma década que o mundo mudou radicalmente para o irritadiço youtuber nascido e criado no Engenho Novo. Felipe Neto sempre soube vender seu produto, alimentar o interesse de investidores e criar e manter uma sólida base de fãs, seu principal ativo. Tudo aconteceu do seu jeito, sem se importar com a opinião alheia sobre a sua personalidade impositiva. Fora da internet, traçou como uma de suas metas a estabilidade financeira, calculando ao máximo os passos seguintes e priorizando o bem-estar da família.

A trajetória de Felipe é plena de reviravoltas, mas nada aconteceu de um dia para o outro. O achismo deu lugar a opiniões fundamentadas de um estudioso de temas diversos, da economia à educação. Ele conta, aliás, que os livros o salvaram. Já os preconceitos do passado se tornaram penitência, fazendo-o assumir o compromisso de lutar por quem criticara. Essas transformações foram resultados de seu amadurecimento, assim como os milhões acumulados pela combinação de vocação empresarial com o sentido apurado para escolher as pessoas de quem se cercaria em sua jornada.

Hoje, o influenciador é uma mistura do animador que usa a internet como palco para entreter crianças, adolescentes e adultos com o soldado em guerra contra o que julga fora de propósito; vive atento ao movimento de possíveis rivais ou a atitudes que considere condenáveis, como uma espécie de patrulheiro do politicamente correto. A guerra é calculada. Os milhões perdidos em contratos publicitários ou em número de seguidores nas redes sociais – como consequência dos seus posicionamentos políticos – são compensados com a relevância que alcança.

A internet, campo livre de regulamentação e distante de pacificação, meio de vida escolhido por Felipe aos 15 anos, passou a persegui-lo e a amá-lo ao mesmo tempo, desde que despontou no YouTube. Esses sentimentos, porém, foram elevados à décima potência diante dos interesses políticos envolvidos. Sua história ganha magnitude a cada vídeo, a cada postagem no Twitter.

Estrela de primeira grandeza no mundo digital, celebridade entre os jovens, Felipe Neto emergiu ao mundo real, ampliou o alcance de sua voz e despertou a curiosidade de centenas de milhares de pessoas. Todos querem saber como ele se tornou o que é hoje.

1
NAS RUAS DO
ENGENHO NOVO

A diferença é de poucos anos entre o nascimento de Felipe Neto e a criação da internet da forma como a conhecemos. É comum estabelecer a adoção da World Wide Web, em 1991, como marco do acesso universal ao mundo digital do compartilhamento de informações. Felipe nasceu às 13h de 21 de janeiro de 1988, no Hospital Brasil Portugal, na Rua Carolina Machado, em Cascadura, onde hoje funciona o Hospital Norte D'Or, erguido já na década de 2000. Filho da pedagoga Rosa Esmeralda Pimenta Neto e do psicólogo Alexandre Rodrigues Vieira, ele cresceu no bairro do Engenho Novo, numa casa na Rua Visconde de Itabaiana que pertencia à avó materna, Maria Alves Pimenta.

Seus pais se separaram quando Felipe estava com apenas 3 meses, e ele atribuiu o fato à idade do casal: a mãe tinha 22 anos e o pai, 19. Na infância, o menino do subúrbio adorava novelas, em especial "Chiquititas", exibida pelo SBT, e, aos 9 anos, já dizia para a mãe que seria ator. Sua inspiração era Bruno Gagliasso, que interpretava Rodrigo, e sua paixão, Vivi, a personagem de Renata Del Bianco. Anos depois, em seu canal no YouTube, ele revelaria em um vídeo com a atriz Fernanda Souza que, já famoso, teve um romance-relâmpago com Renata.

Felipe contou também que, aos 12 anos, foi escondido, sem avisar em casa, à sede da Rede Globo, no Jardim Botânico; queria trabalhar como ator de alguma novela, mas o plano, claro, não prosperou. A obsessão pelo universo dos artistas levava o garoto a fazer apresentações para a família, enfileirando cadeiras antes de anunciar seus números. O ponto alto era a imitação do cantor Latino, que estourou na década de 1990 com os sucessos "Me leva", "Só você" e "Não adianta chorar". Felipe repetia as performances na casa de praia da família do pai, em Maricá, no litoral do Rio, e hoje costuma brincar que fazia os primos de cobaias em seus improvisados shows. É dessa época uma mania que levou para a vida adulta: misturar pó de Nescau e de Neston com açúcar, sem leite ou qualquer outro líquido para dissolver. Mais tarde, trocaria um ingrediente na bomba adocicada: Neston por Farinha Láctea.

O pai de Felipe, Alexandre Vieira, formou-se em psicologia, com especialização em psicomaiêutica, ciência voltada para o estudo do comportamento e dos processos mentais. Em 1999, concluiu um curso de extensão em terapia de vida passada. No site Comunidade Multi Ajuda, Alexandre explica: "Vida passada sempre foi um assunto de domínio religioso. Contudo, há algumas décadas vem sendo pesquisado e discutido em esferas de base filosófica e científica, pois, cada vez mais, torna-se inegável a continuação da consciência humana após a morte do corpo". E acrescenta: "A regressão de memória é um potente instrumento que aprofunda o entendimento de si mesmo, ampliando assim as condições de crescimento pessoal e de superação de dificuldades".

No site da Sociedade Brasileira de Terapia de Vida Passada, Alexandre lista outra especialidade sua: a análise da Constelação Familiar, método criado pelo psicoterapeuta alemão Bert Hellinger, que busca relacionar problemas do presente a traumas sofridos em gerações passadas da família. Seu nome também figura como facilitador no site do movimento Guerreiros do Coração, cujo objetivo, segundo consta no texto de apresentação, é nortear a "passagem psíquica do menino para o homem".

* * *

Antes de falar sobre Dona Rosa, como é conhecida a mãe dos irmãos Neto, é preciso fazer uma ressalva. Felipe e Luccas são filhos da mesma mãe, mas de pais diferentes. A revelação causou algum alvoroço na internet, após uma postagem de Luccas nas redes sociais festejando o Dia dos Pais, quando ambos já acumulavam milhões de seguidores. Quatro anos mais novo, Luccas Neto Ferreira é de 8 de fevereiro de 1992, fruto da relação de Dona Rosa com Eduardo Ferreira. Assim como o irmão, ele nasceu de uma cesariana, porém com alguns percalços: sua mãe teve problemas com a anestesia. O pai morou por seis anos na casa do Engenho Novo, durante a infância dos garotos, até o casal se separar.

A maior parte do tempo Felipe viveu com a mãe, a avó Maria e o irmão mais novo. A família ocupava a casa da frente; nos fundos havia outro imóvel, que chegou a ser usado por parentes. A residência tinha uma sala, dois quartos, dois banheiros, área de serviço, além de porão e sótão, cuja existência aterrorizava os irmãos até o último fio de cabelo.

Por mais de 15 anos, os dois dormiram no mesmo quarto e dividiram uma bicama. A sala era repleta de imagens e itens religiosos, entre eles uma coleção de DVDs da Bíblia. Em um vídeo que os irmãos postaram no YouTube em agosto de 2017, quando visitaram a casa – onde seguiam morando a mãe e a avó –, Felipe comenta: "Hoje é bonitinho, porque a minha mãe, apesar de ter sido pobre a vida inteira, sempre foi muito ajeitadinha. Então ela pegava as coisas que não valiam nada e deixava bonito. Mas você percebe que é um lugar desprivilegiado. Tem janela de alumínio...". Lucas completa a descrição, mostrando que o imóvel tinha problemas estruturais: "Aqui, uma rachadura. Vai cair a casa!".

A oferta de serviços públicos naquela região sempre foi um problema. Em 2009, com um grupo de vizinhos, Dona Rosa acionou a Cedae porque a água chegava sem força suficiente para encher as caixas. Muitas vezes ela teve que bancar do próprio bolso o serviço de carros-pipas.

Formada em pedagogia, Rosa dava duro: trabalhava em média 12 horas por dia na Creche e Escola Convivendo, na Rua Lucídio Lago, no Méier, para bancar a subsistência da família. "Tinha que pagar todas as contas da casa e ela ganhava R$ 900. Só que eu olhava o cartão de crédito dela e só o supermercado do mês, naquela época, dava R$ 400. Por isso acho que minha mãe praticava a arte das trevas", lembra Felipe em 2016, em vídeo postado em uma rede social. Como coordenadora, cargo que ocupava em 2017, Rosa recebia, bruto, pouco mais de R$ 1.350.

O Engenho Novo era e ainda é um bairro com alto índice de violência. A insegurança se deve, em parte, ao lugar estar cercado de favelas. As mais conhecidas são Matriz, São João, Céu Azul e Rato Molhado, além de um pedaço do Complexo do Lins, local de permanente preocupação para as forças de segurança do Rio. "Várias pessoas com quem eu jogava bola e com quem cresci tiveram destinos um pouco trágicos e é realmente triste. Mas não todo mundo. Tem pessoas com quem ainda mantenho um breve contato hoje em dia. Eu quero muito poder ajudar essa região. Na verdade, a gente está trabalhando hoje pensando na criação de um Instituto Felipe Neto para poder levar projetos sociais à frente", disse em 2020 no "Roda viva", programa de entrevistas da TV Cultura, há quase quatro décadas no ar.

Felipe usa recorrentemente em seus vídeos o Buraco do Padre como ponto de referência da região. Está a poucos metros da Rua Visconde de Itabaiana e, segundo ele, com um nome assim, certamente não é dos melhores lugares para se morar. Buraco do Padre é a passagem de pedestre, sob a linha do trem, que liga as ruas 24 de Maio e Monsenhor Amorim, uma pequena via onde fica a Igreja Nossa Senhora da Conceição do Engenho Novo – daí o nome.

O garoto magricelo fez amigos no bairro: jogava bola, taco, três cortes e pique bandeira em ruas de paralelepípedo; participava das brincadeiras, mas sempre no seu canto, sem ser expansivo. Nunca se encantou por pipas, quase uma religião no subúrbio. Já as peladas lhe renderam pés esfolados e fraturas em dedos. Felipe chegou a ganhar entre os vizinhos o apelido de Macaco, porque, sempre que a bola era isolada, ele pulava o portão vermelho que servia de gol para resgatá-la no galpão desativado da rua onde moravam.

* * *

O Engenho Novo era um lugar predominantemente de casas, característica que se mantém ainda hoje, tornando a densidade demográfica do bairro menor em comparação com outros pontos da região. Antigamente, no fim do dia, os moradores colocavam cadeiras de praia na calçada para papear com vizinhos, hábito que desapareceu desde o fim da década de 1990, muito em função da violência. "A gente morava numa região chamada Morro da Laranja, próximo ao Buraco do Padre. Cresci brincando na rua, jogando bola e tive uma infância até que bem boa. Quem nasceu no fim da década de 1980 teve a última infância antes da invasão digital. Até os meus 10 anos de idade nem se falava em computador", contou Felipe à revista "Trip", em 2020.

Segundo o estudo "Desenvolvimento humano e condições de vida na cidade do Rio de Janeiro", publicado pela Secretaria Municipal de Urbanismo do Rio em 2004, o Engenho Novo reunia à época moradores de classe média baixa, com renda média de R$ 573 – o salário-mínimo naquele ano foi de R$ 151. Entre as diferentes classes, 22,4% da população estavam inseridas nas mais altas, 16,6% nas intermediárias e 60,9% nas mais baixas. O tempo médio de escolaridade era de nove anos e a porcentagem de analfabetos, com 15 anos ou mais, de 3,7%. Apenas 25,8% acumulavam mais de 11 anos de estudo.

Outro levantamento publicado pela prefeitura, em dezembro de 2003, comparou dados de 1991 com os do ano 2000. Neste período, o IDH (Índice de Desenvolvimento Humano) do Engenho Novo passou de 0,796 para 0,858, evoluindo uma posição: ficou em 44º lugar no ranking da cidade do Rio, de um total de 126 localidades avaliadas. O bairro com o maior IDH em 2000 era a Gávea, na Zona Sul, com 0,970 – o máximo na escala é 1,000.

Na adolescência, Felipe evitava ficar na rua até tarde. Sempre que a hora avançava, dormia na casa de amigos. Andar à noite na região já era considerado perigoso. De acordo com dados do Instituto de Segurança Pública do Rio (ISP), a 25ª Delegacia de Polícia do Rio, no Engenho Novo, registrou 256 casos de roubo a pedestres em 2003. Em 2008, o número foi de 1.083, alta de 323% em cinco anos.

Mesmo após deixar o bairro, Felipe se manteve ligado à região, até porque boa parte da família continuou ali. Em 2014, já youtuber e empresário, ele fez um vídeo para comentar uma ação da PM no Engenho Novo. Um antigo edifício da Telemar, desocupado, foi invadido por moradores da Favela do Rato Molhado. Mais de cinco mil pessoas tomaram conta do prédio. A operação de reintegração de posse resultou num confronto entre policiais e invasores. Os agentes disseram que foram atacados por bombas caseiras e responderam com balas de borracha. Até o Batalhão de Operações Especiais entrou em cena.

Felipe questionou se a ocupação era mesmo de moradores. "Precisava ser tomada uma atitude, porque o bairro do Engenho Novo estava virando um bairro de traficantes, onde ficou absolutamente comum você ver pessoas andando armadas pela rua. E essa invasão foi nos fundos da casa da minha mãe. Ou seja, você ia para os fundos e via tudo o que estava acontecendo. Tinha muita gente armada, um verdadeiro poder paralelo agindo ali", contou no vídeo postado no YouTube.

Felipe e Luccas convenceram a mãe e a avó a se mudarem: em 2019, compraram um apartamento para ambas fora do bairro. Pouco depois, em 2020, Luccas adquiriu uma casa, também no Rio de Janeiro, e entregou as chaves a elas. As reuniões com os familiares na casa do Engenho Novo, comuns até 2017, principalmente no Natal e no réveillon, tornaram-se cada vez mais raras.

Os irmãos, aliás, sempre deram muita importância à família. A avó, Dona Maria, nasceu em 7 de janeiro de 1927 em Santo Tirso, às margens do Rio Ave, no norte de Portugal. Foi casada com Francisco Neto, avô de Felipe e Luccas, e veio para o Rio, então capital brasileira, ainda na primeira metade do século. Apesar de viver há tanto tempo no Brasil, ela mantém o sotaque carregado.

Em janeiro de 2020, parte da família celebrou o aniversário de Dona Maria na Disney, em Orlando, nos Estados Unidos. O grupo era formado por mais de 15 pessoas e ainda faltou gente. Para suportar a maratona e facilitar os deslocamentos no parque, os netos providenciaram uma cadeira de rodas para ela.

2
O PRIMEIRO
PALCO

Felipe Neto fez boa parte do ensino fundamental e completou o ensino médio no Metropolitano, referência entre as escolas particulares do Méier, Zona Norte do Rio. Estudou lá dos anos 1990 ao início da década seguinte, quando ainda era dirigido por uma família tradicional do bairro. O colégio foi vendido em 2016 para o grupo QI, sócio de uma rede de escolas e cursinhos.

Em entrevista ao sociólogo Leandro Karnal no podcast "Prazer, Karnal", ele contou que a mensalidade era paga com muito esforço por seu pai e os avós paternos. Felipe entrou no Metropolitano ainda no ensino fundamental, em 1995, na 1ª série (atual 2º ano), mas deixou o colégio antes da 5ª série (6º ano) para estudar na mesma escola de Luccas, o Imaculado Coração de Maria, também no Méier, mantido pela Rede de Educação Missionárias Servas do Espírito Santo, uma instituição católica. Ele retornaria ao Metropolitano em 2001, na 7ª série (8º ano), para concluir o ensino médio – na época, comentou com colegas que a mudança fora consequência de problemas financeiros da família.

Os alunos do Metropolitano, em sua maioria, eram jovens de classe média. A mensalidade estava longe de ser barata, mas a certeza de um ensino de qualidade na região, comparável aos de colégios da Zona Sul, compensava o esforço das famílias. A escola foi fundada em 1930 e muitos pais e avós de colegas de Felipe estudaram lá.

Na primeira metade do ensino fundamental – antes, portanto, da transferência para a escola de Luccas – Felipe e seu grupo de amigos tinham no cinema um dos principais passatempos. Porém, a falta de dinheiro nem sempre permitia que ele participasse do programa. A relação com os colegas se dava mais na escola; fora, havia pouco contato, tanto que sua saída foi uma surpresa no início do ano letivo seguinte.

***

Prestes a concluir o ensino fundamental, Felipe já dava duro. Começou a trabalhar aos 13 anos, numa loja de apetrechos para camelôs. Entre 13 e 14, tentou abrir sua primeira empresa no ramo das telemensagens, mas não prosperou. A essa altura, Felipe estava entre as 7ª e 8ª séries (8º e 9º anos, atualmente) e sofria com os bolsos quase sempre vazios. Enquanto os colegas compravam salgados e bebidas na cantina, ele tinha que fazer escolhas: para garantir o lanche no recreio, volta e meia ia a pé de casa ao colégio, após a mãe deixá-lo no ponto de ônibus com o dinheiro da passagem. Levava quase 30 minutos para percorrer os dois quilômetros até a escola, e não raras vezes perdia a primeira aula, mas economizava o suficiente para forrar o estômago.

Como no Metropolitano havia muitos Felipes, ele era chamado de Neto. O colégio ficava no número 72 da Rua Lopes da Cruz e dispunha de invejável estrutura: laboratório, biblioteca, marcenaria e uma boa quadra de futsal. Felipe era o goleiro do time formado por sua turma nas disputas entre as classes. Cada sala tinha, em média, 50 alunos e, no início do ano letivo, misturava-se a garotada para aumentar a interação e evitar grupinhos. A exceção eram as turmas "zero", que reuniam os melhores alunos, entre eles Felipe. Não que ele só tirasse notas altas, mas não ficava de recuperação e nunca repetiu uma série. Raramente teve problemas com as notas. Era bom aluno e os professores acreditavam que poderia se sair bem no vestibular.

Só no 3º ano do ensino médio, já na reta final do Metropolitano, Felipe teve alguns problemas com professores: passava parte das aulas dormindo, com os braços tapando a cabeça, ou brincando de adedanha, jogo em que cada um tem que preencher uma tabela com categorias (nome, cor, fruta, cidade...) de acordo com uma letra sorteada.

– Ele dormia a aula inteira, era surreal. Chegava, colocava a mochila na mesa e cochilava. A gente só o acordava para ir ao recreio e, mesmo assim, tinha vezes em que ficava dormindo. Quando voltava, ele seguia apagado – lembra Nataly Mega, a Nathy, colega de classe que em 2017, coincidentemente, se casaria com o humorista Fábio Porchat, um dos criadores do Porta dos Fundos.

A falta de interesse tinha motivo: Felipe decidira não fazer vestibular após a conclusão do ensino médio. Seus planos para o futuro ainda estavam sendo rascunhados. Ele gostava de tecnologia, queria trabalhar com design gráfico e as ferramentas de criação de sites e blogs que a internet começava a oferecer. Dizia que não se adaptava ao "atual modelo de ensino", sentia dificuldade em matérias de exatas, mas se destacava em redação.

Em vídeos feitos anos depois, Felipe rogou praga a um professor de história no Metropolitano que o mandou para a direção pelos cochilos na aula. No entanto, quando algo despertava sua atenção, ele opinava e participava dos debates com postura firme e questionadora. Já demonstrava um ar debochado que mais tarde se tornaria uma de suas marcas, mas nunca perdeu a linha ou ofendeu um colega ou professor. Não era exatamente um aluno popular, embora não passasse despercebido. Mesmo com um jeito mais calado, vivia fazendo brincadeiras, quase sempre com um tom irônico.

Na festa de formatura, no Riviera Country Club, na Barra da Tijuca, a turma destacou as principais características de cada aluno. E não deu outra: Felipe foi o dorminhoco. Ele contava aos amigos que cochilava porque sofria de insônia. Muitas vezes só conseguia dormir por volta das cinco horas da manhã. Enquanto o sono não vinha, assistia por horas seguidas a séries e filmes.

Felipe costuma lembrar que aprendeu inglês praticamente sozinho, vendo de forma compulsiva produções de TV norte-americanas, como "Friends", a série de humor estrelada por Jennifer Aniston e Courteney Cox. Nas madrugadas, também costumava bater papo com amigos do colégio pelo MSN Messenger, da Microsoft, substituído pelo Skype em 2012. A garotada se comunicava pelo computador por meio de mensagens instantâneas. Para quem cresceu na década de 2000, era a forma de jogar conversa fora, falar sobre amenidades, paquerar e trocar ideias sobre o futuro. Interessado em aprender o uso de ferramentas digitais, ele se conectava com donos de blogs, ou aproveitava para fuçar softwares, coisas que, na sua visão, estavam longe do quadro-negro, apagador e giz da escola.

* * *

A partir da 7ª série (atual 8º ano), seus principais amigos eram de duas séries acima. A aproximação começou por vias tortas, já que o moleque magrinho sofria *bullying* recorrente dos mais velhos, que não economizavam nos apelidos sobre a finura de seu corpo. Felipe não abaixava a cabeça, foi ganhando intimidade e ficou mais desinibido. O "pirralho abusado" se convidava para os programas depois das aulas ou nos fins de semana com a turma mais velha.

As amizades nascidas no Metropolitano marcaram a vida de Felipe. O grupo tinha quase uma dúzia de nomes, mas três eram mais presentes: Bruno Blanco, Fellipe Lourenço e Pedro Bottino. Essa interação foi libertadora e contribuiu para o garoto expandir sua personalidade.

– Felipe era um cara enturmado. Nós éramos a referência da galera dele. Éramos do 1º ano e o Felipe estava na 7ª série, vendo a minha turma liderar as atividades no colégio. Ele não era o cara que passava despercebido, mas também não chamava atenção. A nossa galera fazia as coisas e ele acompanhava – lembra Pedro Bottino.

Se antes do ensino médio Felipe era mais caseiro, com as novas amizades de adolescência passaria a se relacionar também fora da escola. O primeiro porre foi em 2004, em Saquarema, na casa de praia dos pais de Blanco. Saíram e tomaram todas, e isso incluía doses de Xiboquinha, a adocicada cachaça em que não se percebe o álcool até o estrago já estar feito. Felipe não conseguia dar dois passos e foi carregado pelo amigo para o quarto da casa.

Em outra ocasião, após uma farra, ele foi dormir na casa de Blanco, no Engenho de Dentro, bairro vizinho ao Engenho Novo, quando ainda fumava, hábito que manteve de 2007, com seus 19 anos, até 2016. Felipe chegou lá virando os olhos de cachaça. Já de madrugada, com todos dormindo, acordou e vomitou em jatos, atingindo em cheio um dos quadros dos pais de Blanco. A vergonha foi tanta que ele se trancou no banheiro por um bom tempo, para não ter que se explicar à mãe do amigo.

Durante alguns anos Felipe manteve contato com os colegas de adolescência, mas aos poucos se distanciaram e cada um seguiu seu caminho. Quem viveu aquela época não se surpreende com o sucesso que alcançou.

— Ele sempre foi um cara muito precoce, à frente do seu tempo e maduro para a galera da turma dele – conta Fellipe Lourenço, amigo de infância e, mais tarde, parceiro de trabalho.

* * *

Entre as paixões do mirrado estudante do Metropolitano despontava o interesse pelo teatro. No quarto andar do colégio ficava o auditório, com capacidade para 250 pessoas. A aula de artes cênicas era uma atividade eletiva, fora do currículo dos alunos e a cargo da professora Salete Bernardi, figura querida na escola. O espaço tinha lá seus incômodos: era quente e exalava um odor marcante, mistura de suor, desodorante e madeira, segundo Felipe.

A cada ano havia um projeto encenado entre novembro e dezembro. O grupo passava boa parte do tempo ensaiando e definindo os papéis em cada uma das peças, até alcançar a sintonia ideal. As atividades não tinham o intuito de formar atores ou estrelas de novela, como frisava a professora Salete, mas o de trabalhar a timidez, a fala em público, o posicionamento diante de uma plateia e, principalmente, o compromisso com o sentido coletivo do projeto.

Os ensaios começavam nos primeiros dias do ano letivo e, como reunia alunos de séries diferentes, contribuía também para melhorar o entrosamento entre a garotada. A escolha da peça que seria produzida e apresentada no fim do ano ocorria em maio e era precedida de exercícios básicos de interpretação.

Felipe entrou para o grupo de teatro no último ano do ensino fundamental e suas primeiras participações já indicavam que levava jeito. O teatro, aliás, foi libertador para ele: ajudou-o a enfrentar a timidez, traço marcante em sua personalidade até então.

Após o retorno das férias de meio de ano, as atividades ganhavam intensidade. Enquanto nos primeiros meses as aulas de teatro ocupavam apenas duas tardes da semana, com o início dos ensaios se tornavam diárias e iam até de noite. E volta e meia ocupavam um tempo pela manhã, para azeitar algo que ainda não estivesse bom.

As apresentações eram concorridas e precedidas de ensaios abertos, com a plateia formada pelos próprios colegas. A direção do Metropolitano adotava uma espécie de classificação etária para os alunos, de acordo com a temática. Após as sessões internas, chegava a vez de pais, parentes e conhecidos do grupo de teatro assistirem ao espetáculo – uma minitemporada de duas semanas, sempre com auditório lotado. Por último, o colégio promovia uma turnê com apresentações em espaços culturais do bairro e em outras escolas da região. O cardápio de peças variava de Shakespeare a musicais do cinema de Hollywood.

O palco despertou em Felipe um lado desconhecido pelos colegas e provavelmente até por ele próprio. Como num passe de mágica, a timidez sumia quando entrava em cena. Em 2003, na montagem de "Sonho de uma noite de verão", de William Shakespeare, ele se destacou interpretando Píramo, um dos personagens centrais da trama sobre o amor proibido com Tisbe.

Mas foi em "Grease", encenada no ano seguinte, que ele recebeu uma enxurrada de elogios, de amigos a professores. Felipe ficou conhecido no colégio todo ao encarnar o protagonista Danny Zuko, personagem que John Travolta consagrou no cinema, enquanto Nataly Mega viveu Sandy, seu par romântico. O sucesso não foi por acaso. Para fazer bonito, repetindo os trejeitos que marcaram a carreira de Travolta, ele assistiu ao filme dezenas de vezes e estudou cada movimento do ator americano.

Tanto esforço foi recompensado: Felipe ganhou dois prêmios de teatro do Metropolitano, que tinha colegas e professores como jurados. Por "Sonho de uma noite de verão", recebeu o troféu de ator revelação, e por "Grease", o de ator do ano. Os dois Oscar da comunidade escolar são tratados com grande carinho por ele, que os mantêm expostos em seu escritório.

No fim de 2010, já youtuber famoso, Felipe Neto voltou ao colégio para rever a professora Salete e se lembrar dos momentos que vivera na Rua Lopes da Cruz. Foi uma festa. Quando circulou a informação de que um dos criadores de conteúdo mais famosos da internet estava lá, as aulas quase tiveram que ser interrompidas. No recreio, Felipe foi cercado, abraçado, beijado, deu autógrafos e tirou fotos.

O Metropolitano é um capítulo importante em sua vida, foi seu berço no mundo artístico – também estudaram lá atrizes hoje consagradas, como Adriana Esteves e Taís Araújo. Felipe reconhece a importância do ambiente e, principalmente, da professora Salete em sua trajetória pessoal e profissional. Ele entrou no colégio tímido e sem motivação. Saiu apaixonado pela arte de dar corpo e voz para entreter, fazer rir, chorar, e provocar indignação, ódio, amor e compaixão; a arte de influenciar.

3
JACK SPARROW

Não foram poucas as tentativas de Felipe de viver da internet antes que a fama chegasse por meio do YouTube. Sua trajetória na grande rede alterna êxitos e derrapadas, em projetos que ficaram conhecidos entre os chamados *heavy users*, os usuários assíduos do meio digital. As novas tecnologias foram fundamentais para que o adolescente do Engenho Novo desenvolvesse habilidades, com excepcional facilidade no uso de ferramentas de edição. O design gráfico, por exemplo, ele dominou simplesmente fuxicando programas abertos, sem custo. Antes de completar a maioridade, já havia gente interessada em seus serviços.

A questão financeira preocupava Felipe, que não cruzava os braços à espera de uma solução milagrosa: corria atrás do seu próprio dinheiro e sonhava com a independência o quanto antes para tirar o peso de seu sustento das costas dos pais. Ele apostou na internet em 2004, aos 16 anos. Naquela época, só 12,2% dos lares no

Brasil contavam com pontos privados de acesso à rede, segundo dados da Pnad Contínua daquele ano; o percentual, hoje, alcança 71%, de acordo com a pesquisa da TIC Domicílios, do Comitê Gestor da Internet.

Sua trajetória digital começa com a criação do site IsFree.tv, plataforma de interação para os apaixonados por séries. Felipe tinha uma equipe – com pouco mais de uma dúzia de pessoas – para criar legendas destinadas a quem quisesse assistir pela internet aos episódios das principais produções, lançadas primeiro fora do país. Legendas de "Lost" eram prioridade, já que a série tinha milhões de espectadores no Brasil. Todos trabalhavam remotamente, de suas casas.

Felipe brinca que a página também oferecia downloads dos episódios – quando um usuário transfere dados do ciberespaço para o seu computador ou celular. "Era pirataria mesmo", confessou em uma palestra na Fundação Armando Alvares Penteado, em São Paulo, em 2015. O ambiente funcionava também como ponto de encontro de fãs, com fóruns de discussões sobre as tramas. Felipe diz que o site chegou a ser um dos maiores da América Latina voltados para a exibição de séries, mas seu nome era conhecido apenas nos bastidores.

O número de acessos crescia e o IsFree.tv mantinha ainda uma área para resenhas e notícias, batizada de "Controle remoto". A mesma equipe responsável por hospedar os episódios e produzir as legendas tinha liberdade para escrever textos. Felipe assinava os seus com o pseudônimo de Cap Sparrow, em referência a Jack Sparrow, personagem de Johnny Depp na série de cinema "Piratas do Caribe".

Ele ganhava dinheiro por meio dos milhares de acessos, que geravam receita por AdSense (serviço de publicidade oferecido pelo Google, que remunera o dono do endereço eletrônico com base no número de visualizações e cliques em propagandas associadas ao conteúdo). Para tornar o negócio mais rentável foi criada uma área VIP paga, que oferecia facilidades para o download de séries e navegação no site.

Apesar da quantidade de usuários, Felipe não conseguia lucrar com a oferta de séries e legendas. Ao contrário: gastou dinheiro com o projeto, bancado essencialmente com o que recebia pelos trabalhos como designer gráfico, que fazia em paralelo ao site. Por isso, abriu uma empresa dedicada ao ramo, a I9 Studio, que chegou a ocupar um pequeno escritório no Centro do Rio, onde atendia clientes e dava aulas de edição – mas o negócio naufragou com a crise econômica de 2008.

O fim do IsFree.tv foi um tanto traumático. Felipe recebeu uma proposta de financiamento do projeto, que incluía a venda do domínio: ele ganharia R$ 35 mil – R$ 10 mil pagos de imediato e os outros R$ 25 mil após a entrega do endereço eletrônico. Apenas a primeira parte caiu na sua conta, o restante jamais foi depositado. Numa época em que as investigações a crimes cibernéticos ainda engatinhavam, não havia muito o que fazer. Ele fala pouco sobre o episódio, sequer revela a identidade dos envolvidos no caso. Uma breve referência foi feita na apresentação do blog Controleremoto.tv, que substituiu o IsFree.tv, em junho de 2008 (o endereço não está mais disponível).

Salve companheiros amados e usuários fiéis do blog másculo mais sem vergonha da blogosfera brasileira.

É com muito prazer e alegria que informo o retorno oficial deste que vos fala.

Porém, como nem tudo são flores, aqui vai um resumo resumido de forma bastante resumística sobre os acontecimentos:

– Um filho da puta roubou meu domínio isfree.tv.

Eu avisei que era resumido.

Meu portal voltará em outro endereço (que ainda está sendo estudado) e com a força de sempre, para voltar a liderar o ramo de séries no país.

Como o Controle Remoto estava no mesmo servidor, também foi pro saco e só voltou hoje, reformulado e com novidades.

A criação do novo endereço eletrônico foi a saída encontrada por Felipe para continuar jogando suas fichas na internet. Seria uma reedição do blog que já existia dentro do IsFree.tv. No modelo antigo, a seção tratava apenas de temas relacionados a entretenimento. Agora, abria espaço para comentários diversos, muito humor e algum preconceito. Felipe teve como parceiro no blog Frederico Fagundes, que entre 2004 e 2008 fez sucesso com o site humorístico Jacaré Banguela. A parceria foi apresentada assim:

Primeiro de tudo! Agora este blog não é mais um diário de uma pessoa só. Os textos e posts serão feitos por Felipe Neto e Frederico Fagundes, meu querido companheiro gaúcho, porém heterossexual, que há pouco tempo era um dos responsáveis pelo Jacaré Banguela.

Segundamente, o blog agora não tem mais comentários. Se você quiser falar conosco, clique lá em cima na seção contato. E se ficou puto com a remoção dos comentários, clique lá em cima na seção "pega na minha e balança".

E sim, nós perdemos todos os posts, mas muitas cervejas já me ajudaram a superar isso. Se a dor for muito forte, sugiro tequila.

A dupla apostou num estilo próximo ao consagrado pelo carioca Antonio Tabet, criador do site de humor Kibe Loco. Em 2007, Tabet alcançara uma média de cem mil visitantes por dia.

– Acho que o Felipe esperava um estouro muito grande como foi o Jacaré Banguela, mas o Controle Remoto teve um crescimento lento. Com relação à produção de conteúdo, a gente tinha liberdade total e usava as referências do Jacaré, mas não existia uma reunião de pauta. Era uma coisa natural de criação – lembra Frederico.

Entre as postagens pagas e a receita oferecida pelo Google, produzida pelo número de acessos de usuários, o ambiente gerava cerca de R$ 6 mil por ano – pouco mais de R$ 12 mil se aplicada a inflação até o início de 2021. A principal remuneração de Felipe ainda vinha dos serviços de designer gráfico.

– Ele sempre se vendeu muito bem. Fazia um cartão de visita e quando você olhava se impressionava. Além disso, ele tem um dom de ser autodidata e se orgulha bastante disso – diz o parceiro do Controle Remoto.

Uma vantagem de Felipe era a interação com outros blogueiros. Ele conta, por exemplo, que foi um dos 45 nomes escolhidos para participar da ação publicitária "Porto cai na rede", em 2009, que buscava, ou ao menos tinha essa intenção, promover Porto de Galinhas, em Pernambuco, entre o público jovem. O grupo foi convidado pelo governo local para conhecer algumas das mais belas praias da região, tudo de graça, em troca de postagens na internet elogiosas ao balneário – uma permuta, que hoje em dia, diante do cachê cobrado por Felipe, não custaria barato ao governo pernambucano.

* * *

Com o tempo, as postagens no Controle Remoto ficaram sérias. A dupla que comandava o blog fazia listas das melhores páginas do país e escrevia sobre temas do momento. A meta era alcançar mais pessoas por meio de compartilhamentos e de citações em páginas de criadores de conteúdo famosos. Algo do tipo: "Quer saber sobre televisão? Indico o Controle Remoto, de Felipe Neto e Fred Fagundes". As interações geravam, vez ou outra, parcerias ou convites para eventos, como a viagem para Porto de Galinhas.

Também ganharam espaço no blog pensatas para registrar o que viesse à cabeça dos autores. Em postagem de janeiro de 2010, meses antes de Felipe se jogar no YouTube, ele publicou um texto com o título "Criticar ou ficar calado?": "Criticar seria a solução? Mostrar ao povo o quão insignificante é determinada atitude não pode acabar por torná-la significante, contrariando os objetivos dos que gostariam que tal presença desaparecesse?".

Felipe desanda a falar do efeito das críticas sobre temas ou figuras consideradas "descartáveis" e "nocivas", mas que despertam grande interesse. Ele chega à seguinte conclusão: "Por essas e outras, percebi: devemos saber quando criticar. Apontar dedos e tentar minimizar algo que já é risível por si só pode acabar criando um monstro. Então, em certas horas, devemos apenas ficar calados. Espero que os outros também consigam enxergar isso ou a situação só tende a piorar".

Além do blog Controle Remoto, Felipe colaborou para o site Papo de Homem, focado essencialmente em "sexo, dinheiro, futebol e bebida". Era um espaço que exaltava a cultura do machismo. Alguns dos seus textos ainda estão no ar, entre eles um em que comenta um vídeo de ioga postado pela atriz Juliana Paes: "Demonstrando uma elasticidade outrora somente vista em circos ou um ocasional *milf hunter*, Ju dá uma aula de como prender a atenção durante um minuto e 36 segundos" (a expressão em inglês *milf*, acrônimo de *mom i'd like to fuck*, é usada para definir filmes pornográficos de mulheres mais velhas com homens mais novos).

A última frase da postagem diz "Seca. Seca a baba, a gente entende", uma referência aos movimentos apresentados pela atriz. A publicação é de janeiro de 2009, dias antes de o autor completar 21 anos. O site, aliás, passou por uma forte reformulação a partir de 2011 e se propôs a "deixar de lado as narrativas heroicas e os machos alfas, tão frágeis em sua eterna autoafirmação. É tempo de homens possíveis".

Há também textos sobre questões diversas. Num deles, Felipe aborda "as pressões do cotidiano" e oferece dicas de como extravasar diante das adversidades do dia a dia. Ele conclui: "Todos apanhamos, somos humilhados, perdemos tudo, recomeçamos do zero. O que importa é seguir. Não desistir".

Fora da realidade virtual, Felipe se mostrava um jovem tranquilo, de amizades pontuais, mas com muitos contatos, sempre focado no futuro. Usava boa parte do tempo livre lendo e assistindo a filmes e seriados. Aguardava ansiosamente as sextas-feiras para ver os lançamentos no cinema. Costumava ir com os amigos do colégio, entre eles Fellipe Lourenço, e a namorada Juliana, com quem estava junto desde os 16 anos. A jovem não estudava no Metropolitano, era de outra galera, o que dava um certo ar misterioso ao casal, especialmente quando Felipe dizia que estavam noivos.

Ao lado dos principais amigos e de Juliana, ele também gostava de sair para comer pizza, de preferência de quatro queijos, até hoje um de seus sabores favoritos. A dobradinha cinema + pizza normalmente acontecia em dois shoppings próximos de sua casa: o antigo Iguatemi, na Rua Barão de São Francisco, em Vila Isabel, e o NorteShopping, na Avenida Dom Hélder Câmara, no Cachambi. Entre os filmes que curtia estavam os do estúdio Pixar e suas animações. Felipe também arriscou assistir a um dos longas da série "Crepúsculo", a célebre saga adolescente que narra a história de amor entre um vampiro e uma humana. Mais tarde, ele diria que experiência serviu apenas como "estudo empírico" para um de seus vídeos.

Se em janeiro de 2008 Felipe vislumbrava um futuro promissor – tinha muitos clientes de design gráfico e acabara de sair da casa da mãe para dividir um apartamento com o primo Alan Perrone –, em dezembro, após a crise econômica no país, o cenário já era outro: sem dinheiro, teve que retornar para o Engenho Novo e pôs fim às aulas sobre como usar ferramentas digitais. Se não bastasse, o namoro com Juliana, que ele considerava encaminhado para o casamento, foi por água abaixo.

Aos 20 anos, dizia que tinha vivido o "pior ano da vida" após perder o site que o estimulava a criar projetos na internet, os clientes que garantiam sua independência financeira e o relacionamento iniciado quatro anos antes.

4
NÃO FAZ
SENTIDO

Em 2019, informações do YouTube mostravam que a plataforma movimentou US$ 15 bilhões somente com receita de publicidade naquele ano. Apenas no último trimestre de 2019, foram US$ 4,7 bilhões. São dados reveladores da magnitude do negócio que se propõe a oferecer a quem quiser ter seu próprio canal de vídeo – o nome da plataforma vem da junção das palavras em inglês que significam "você" e "TV".

    O YouTube foi criado em fevereiro de 2005 por Chad Hurley, Steve Chen e Jawed Karim, três ex-funcionários do PayPal, serviço de pagamentos on-line. A novidade chamou a atenção do Google, já consolidado como o maior site de buscas da internet, que o comprou em 2006 por US$ 1,65 bilhão (em torno de R$ 9 bilhões em valores atualizados). Para centralizar as operações de dezenas de *digitaltechs* – as companhias de tecnologias digitais – a empresa criou em 2015 a Alphabet, que englobava o YouTube, o Waze, o

Blogger, o SlickLogin e o DeepMind Technologies, além do próprio Google.

Já no lançamento, o YouTube mostrou seu imenso potencial. Em 2006, foi eleito pela revista norte-americana "Time" a invenção do ano, que destacou se tratar de "uma nova forma para milhões de pessoas se entreterem, se educarem e se chocarem de uma maneira nunca vista". A definição é precisa. A partir daquele momento, cada um teria a chance de exibir ao mundo o que quisesse, bastando para isso seguir a premissa válida até hoje: gravar um conteúdo ou editar uma narrativa no formato de vídeo e seguir as políticas de uso da plataforma, de respeitar o direito autoral, não propagar mensagens de ódio e não fazer uso de nudez ou pornografia.

O YouTube funciona sobre dois pilares: os chamados canais, que são os perfis dos criadores de conteúdo, e os inscritos, o público que segue os canais. É como se qualquer indivíduo tivesse sua própria emissora de TV, escolhendo o que vai ao ar para uma audiência própria. Quanto mais inscritos, mais chances de um conteúdo ser assistido e compartilhado.

Em 2009, o YouTube contava com um bilhão de visualizações diárias no mundo. Foi naquele ano que o americano Lucas Cruikshank tornou-se o primeiro criador de conteúdo da plataforma a alcançar um milhão de inscritos com seu canal, voltado para crianças. Ele deu vida ao personagem Fred Figglehorn, que batizava o perfil e tinha como característica a voz esganiçada. Cruikshank desistiria de sua criação anos depois. O último vídeo foi postado em 16 de julho de 2015, quando Fred contava com mais de dois milhões de inscritos. A partir de então, o autor assumiu o próprio perfil, com peças de humor e comentários sobre o seu cotidiano. Em abril de 2021, o canal tinha 3,2 milhões de inscritos.

Para criar um perfil (ou canal) basta cadastrar um e-mail; o acesso à plataforma é gratuito. Vale dizer que o YouTube não se configura como uma rede social como o Facebook ou o Twitter.

Seu foco é o compartilhamento de conteúdo em vídeo. Em novembro de 2010, já registrava 35 horas de materiais carregados por minuto. A cada 60 minutos, a plataforma oferecia 2.100 horas de vídeos. Totalizava 50.400 horas por dia, volume de conteúdo que nenhuma emissora de TV imaginaria produzir.

Um fator fundamental para a multiplicação do interesse foi a popularização dos smartphones. Em 2008, a Apple e o Google disponibilizaram em seus sistemas operacionais as "lojas de aplicativos", facilitando o acesso ao YouTube e, principalmente, a ferramentas de edição e gravação de vídeos. Também foi importante para o crescimento exponencial a alteração do limite de tempo das postagens, antes restrito a 15 minutos. No fim de 2010, os usuários botaram no ar 13 milhões de horas de conteúdo.

* * *

É nesta plataforma, em momento de vertiginosa expansão, que começa a trajetória de Felipe Neto como youtuber. Sua primeira gravação tinha o nome de "Fala a verdade" e foi vista por umas 30 pessoas, incluindo o irmão Luccas. Mas ele sequer chegou a fazer *upload* – o envio de dados para a internet – e o vídeo nunca entrou no ar. Tudo teria ficado "muito ruim" na avaliação de Felipe e o conselho de quem assistiu foi que desistisse da ideia de postar na internet para não envergonhar até a família.

Apesar de cadastrado no YouTube desde 2006, Felipe só passou a usar a plataforma recorrentemente quatro anos depois. O primeiro vídeo levado ao ar em seu canal é de 19 de abril de 2010. Com o título "RIARIARIARIARIAIR", está até hoje por lá e traz apenas dois segundos do influenciador rindo. Em abril de 2021, a gravação totalizava mais de 4,1 milhões de visualizações.

Outras duas encenações anteciparam a primeira grande criação de Felipe. Em uma ele aparece falando "idiotices", nome do próprio vídeo, sem indicar um roteiro definido: testa a câmera, faz exercícios de aquecimento de voz e comentários sobre si mesmo, como o fato de não ter desenvolvido barba até os 22 anos. Foi filmado no quarto dos fundos da casa de Dona Rosa, sentado numa cadeira, sem muita noção do que estava produzindo. O segundo, "Meus pôsteres", era sobre ideias para montar um cenário de gravação.

Em 24 de abril, nascia o canal Não Faz Sentido, nome que já dava pistas do que seria abordado: os vídeos apresentavam tudo o que não fazia sentido para Felipe. Na primeira postagem, intitulada "Shoppings", ele conta que precisou ir às compras em busca de pôsteres para o cenário e de camisas (no vídeo ele usa uma com a frase *wait in the line ladies*, que pode ser traduzida como "esperem na fila, senhoritas"). Com este gancho, desandou a falar sobre como as pessoas se aglomeram nos centros comerciais sem objetivo ou necessidade. O vídeo não rendeu muitos comentários e visualizações, porém, já estava presente ali o formato que o tornaria conhecido: vinheta com breve trilha musical, o par de óculos escuros e o cenário cheio de placas de sinalização, como as de banheiros masculino e feminino e outra com um ponto de interrogação – uma mistura que não fazia sentido, num esforço de alinhar forma e conteúdo.

"Ninguém começa sendo brilhante. A primeira tentativa de qualquer coisa é uma bosta. E isso era eu sendo uma bosta. Vou parar por aqui porque está muito constrangedor", disse o youtuber em maio de 2020, ao rever parte do vídeo de abertura do Não Faz Sentido para celebrar os dez anos do canal.

Felipe diz que ao começar a produzir os esquetes não tinha qualquer pretensão de ser famoso, ganhar dinheiro ou ter o trabalho reconhecido por produtores de conteúdo; queria apenas voltar a atuar, uma de suas paixões. Uniu o útil ao agradável e, com uma câmera comprada dois anos antes, quis compartilhar sua experiência como ator. A ideia de gravar vídeos para o YouTube surgiu quando estava perdido em meio à indefinição sobre o futuro, com o fracasso dos projetos para a internet, a perda de clientes como designer gráfico e a volta involuntária à casa da mãe.

Ele também mantinha um segundo canal no YouTube, com seu nome, no qual apresentava basicamente sua rotina e bastidores do conteúdo que produzia para o Não Faz Sentido. Algo mais real, sem as encenações do canal principal. Até o fim de 2020, esta conta seguia ativa, com mais de 500 mil inscritos, embora a última publicação tenha sido feita em abril de 2014.

Nesse canal pessoal, Felipe mostrou em 23 de setembro de 2010 – poucos meses após a estreia do Não Faz Sentido – a estrutura de que dispunha para a roteirização e gravação: dois computadores (um deles um notebook comprado aos 18 anos com o dinheiro dos trabalhos como designer gráfico), cenário improvisado num dos cantos do quarto e iluminação mambembe para dar um ar mais profissional aos vídeos. Ele usava luminárias caseiras, com papel ofício colado nas bordas para rebater e ampliar a luz. O espaço era acanhado. Havia uma estante em que empilhava livros e bonecos, com destaque para o do capitão Jack Sparrow, que também estampava um quadro na parede.

Os óculos, famosos nos esquetes do Não Faz Sentido, foram achados numa praia em Porto de Galinhas, anos antes. Apesar da importância e do significado sentimental, os óculos não sobreviveram à mudança de casa em 2011 para a Praça São Salvador, na Zona Sul do Rio.

* * *

O ano de 2010 foi marcante para Felipe, que encontraria uma forma de se diferenciar dos produtores de conteúdo da época. Ele passou a usar um tom ácido e indignado em seus vídeos, alternando análises, críticas e meras impressões. O caráter em estilo confessional tinha apelo e aproximava o personagem da audiência. O formato foi amplamente utilizado no Não Faz Sentido.

Nessa linha, o grande nome era o comediante e youtuber americano Ray William Johnson, que popularizou vídeos com comentários sobre outras gravações. Johnson aproveitava o que estava bombando na internet e fazia observações carregadas de humor e preconceito. Seu canal, o =3, foi o primeiro do mundo a alcançar cinco milhões de inscritos, em 2011.

Diferentemente de Johnson, Felipe não se valia de outros vídeos em seus comentários. Ele usava o personagem fanfarrão e desbocado do Não Faz Sentido para criticar indivíduos ou modismos. Debochava de tudo que era sucesso ou extremamente popular. Coisa que já fazia antes do YouTube, entre amigos, ou em textos publicados em blogs e sites. O *bullying* se tornou a base do conteúdo do canal.

— Felipe se formou num momento em que a demanda consumia isso e ele atendeu ao que as pessoas buscavam. Foi um moleque que sofreu *bullying* e levou isso para a vida. Era a vez dele de fazer *bullying* com o que não concordava. E as pessoas acabaram se identificando com isso — lembra Bruno Blanco, amigo dos tempos do colégio Metropolitano, no início dos anos 2000.

Pedro Bottino, que também fez parte desse núcleo de amigos de Felipe, acrescenta:

— O personagem que deu origem ao Não Faz Sentido era a nata dos nossos trejeitos. Eu, Felipinho, Bruno Blanco... O Neto reproduziu nos vídeos o nosso cotidiano. Aquilo éramos nós, de ficar puto com bobagem, de rechaçar mania de adolescente.

O canal deslanchou com o vídeo "Não faz sentido – Gente colorida!", de 30 de abril de 2010, em que falava "dos jovens coloridos para caralho", que usavam calças azuis, rosas e laranjas: "Quem foi o filho da puta que inventou uma calça laranja?". Protestava contra as bandas que aderiram à "moda colorida", citando Restart, Cine, NX Zero e Fresno, e compartilhava visões claramente preconceituosas: "Quando eu falo sobre o bissexualismo de modinha é porque essas bandas coloridas estão trazendo isso de uma forma avassaladora. Hoje em dia está na moda ser bissexual. Não é mais por que um homem é homossexual, passou por várias coisas durante a vida e percebeu que gostava era de ter relacionamento homossexual. Não é mais isso. Tá virando moda. A situação vai ficar tão escrota que daqui a pouco vai ser errado você ser heterossexual".

Em um dos trechos do vídeo, ele produz uma caricatura de um típico fã das ditas bandas coloridas: "Porque o que mais aparece são garotinhos de 14 anos dando entrevista do tipo: 'Nossa, eu acho que isso é, tipo, muito revoltante, porque eu estou aqui esperando há nove horas e eles não apareceram. Eu não consigo entender por que eles fizeram isso com os fãs, sabe?'. Essa é a grande diferença entre o homossexual e o viadinho. (...) Parece que ele tenta mostrar para você, imprimir na sua cara: 'Eu sou viadinho'".

No dia seguinte, "Gente colorida!" tinha 300 mil visualizações, além de centenas de comentários, a maioria aprovando os julgamentos e dando sugestões para novas gravações. Após os primeiros vídeos, Felipe já acumulava em junho de 2010 mais de cem mil inscritos no seu canal. Um trecho da breve apresentação do perfil:

Você tem roteiro ou é improviso?

Tudo é escrito, planejado e roteirizado. Menos os palavrões, esses são ideias do meu cão: Lúcifer.

Você critica as modinhas mas é uma modinha. E agora?

Eu não critico MODINHAS. Procure meu vídeo sobre modinhas e você entenderá. Aliás, é bem provável que você acabe não entendendo nada, mas eu te perdoo.

AI FELIPE EU TI AMU CASA COMIGO PLEEEEASE?

Não. Aprende a ser gente.

Já a descrição do canal era a seguinte: "Não leve nada totalmente a sério, mas tampouco leve só na brincadeira".

***

Felipe emendou um vídeo atrás do outro: "Subcelebridades", "Vida de garoto" e "Gente que escreve errado" contribuíram para atrair e fidelizar audiência. Em "Vida de garoto", ele abusa dos palavrões ao revelar seu ódio à seção "Colírios" da revista *teen* "Capricho", que estampava fotos de jovens modelos em formato de pôster. Todos esses quadros do canal tinham em comum críticas a posturas e comportamentos embalados num vocabulário chulo e ameaçador. Quem o assistia era praticamente instado a concordar com o seu ponto de vista, caso contrário seria tratado de "imbecil".

Em "Subcelebridades", Felipe define desta forma "pessoas que não possuem talento nenhum" e que "ficam famosas por alguma característica descartável". Ele vai além: diz que, assim como as subcelebridades são descartáveis, seus fãs também podem ser considerados inúteis. E usa o exemplo de uma jovem que tatuou na nuca o nome da atriz e dançarina Liah Khey, segundo ele, "aquela com cara de cavalo". O motivo da idolatria foi a participação de Liah na décima edição do reality show "Big Brother Brasil", que a TV Globo exibiu em 2010. "Eu tenho uma séria crença que o índice de potencial de qualquer ser humano é baseado em quem você trata como ídolo, em quem você segue. Então, se o seu ídolo é um ex-BBB, como você vai ter sucesso na vida? Qualquer membro de fã-clube de subcelebridade não pode conseguir nada".

Ele incluiu na lista de subcelebridades a cantora Preta Gil, as modelos Geisy Arruda e Fani Pacheco e a atriz Grazi Massafera. E concluiu que a consequência da exaltação de pessoas "sem talento" foram as candidaturas nas eleições de 2010 do também ex-BBB Kleber Bambam, da cantora Tati Quebra-Barraco, da economista Dilma Rousseff e da modelo Mulher Melão (nome artístico de Renata Frisson).

Com o aumento vertiginoso de inscritos no canal e das visualizações, crescia também o tom de suas críticas. A postura preconceituosa estava presente no Twitter, em que disparava comentários sobre qualquer assunto. Alguns exemplos:

"O movimento feminista está virando algo tão ridículo que já já vão pedir para mulheres só se relacionarem com outras mulheres."

"Mulher que vira de bunda para tirar foto e depois reclama que é tratada como objeto. Why?"

"Dizem q são as influências q transformam as garotas nessas porras. Por isso vou seguir a tradição da Disney de educar as princesas. Torre nela!"

"Se tem uma coisa que me irrita é vagabunda pagando de santinha."

"A Geisy Arruda vai lançar uma biografia. E vocês acham mesmo que a raça humana é uma criação perfeita que não precisa evoluir?"

"Sei que é preconceito, mas acho homem com piercing no mamilo MUITO VIADO."

"Agora uma gorda nojenta me atendeu."

"Bixa velha me irrita. Não é preconceito, me irrita que nem outros comportamentos, como playboys ou princesinhas intocáveis."

"Sabe o que é pior? A Preta Gil se chama de GOSTOSA (mentira) e ninguém reclama. Eu digo que ela é gorda (verdade) e nego fica puto."

Esses são apenas alguns exemplos mencionados, aliás, pelo próprio Felipe Neto ao longo do tempo. Aos 22 anos, em entrevista ao jornal "O Globo" em junho de 2010 – dois meses após o primeiro vídeo do Não Faz Sentido –, ele defendeu sua postura: "A vida não foi feita para viver com um milhão de tabus sobre a cabeça, como uma vaquinha de presépio. As pessoas veem o meu vídeo e entendem que não falo palavrão para chocar. O humor não precisa ser bonzinho, seguir a ética, a moral e os bons costumes. Eu luto contra isso. Humor crítico, irônico e com palavrão é muito bom".

Em seu outro canal no YouTube, aquele em que apresentava questões mais pessoais, Felipe postou em 7 de julho de 2010 o vídeo "Desabafo e coisas da madrugada", de mais de oito minutos, sobre o efeito de suas opiniões: "Tem algumas pessoas que acham que eu sou o dono da verdade, que me acho o dono da verdade. Na verdade, não sou dono de porra nenhuma. Eu não comprei a verdade, então não sou o dono dela. Eu não me acho o dono da verdade".

Um vídeo que expressa bem seus primeiros anos como produtor de conteúdo é o "Não faz sentido – Humor politicamente correto": "Esse vídeo é feito especialmente para você que curte um humor refinado, você que prefere aquele humor que seja politicamente correto e que tenha compromisso social, que considere a ética, a moral e os princípios. Um humor muito importante e muito engraçado. Eu decidi fazer esse vídeo só com piadas muito engraçadas, todas nesse formato, sem ofender ninguém para você que leva o humor a sério". Ele passava pouco mais de um minuto em busca de alguma piada politicamente correta, mas sempre desistia ao abrir a boca. Interpretou o personagem sem os óculos escuros e concluiu o vídeo: "Nenhuma minoria foi ofendida nesses 60 segundos... Quer anedotas descoladas? Ligue a sua televisão".

Felipe virou febre entre centenas de milhares de jovens. Deu voz a um personagem que, apesar de oferecer entretenimento, abusou de preconceitos e ataques a figuras públicas e a comportamentos. Mas, diz o ditado, quem fala o que quer ouve o que não quer.

5
HATER COM
MUITO ORGULHO

As polêmicas envolvendo a maior revelação da internet àquela altura não se resumiam apenas à guerra contra o politicamente correto. Os alvos de Felipe Neto contra-atacaram, alguns com mais peso do que ele à época, como o cantor e ator Fiuk, nome artístico de Filipe Kartalian Ayrosa Galvão, filho do também cantor Fábio Júnior.

Fiuk cavou um espaço no cenário nacional no fim da década de 2000 como ídolo *teen*. Ganhou notoriedade com a banda Hori, atacada por Felipe no vídeo "Gente colorida!". Entre 2009 e 2010 atuou na novela "Malhação", da TV Globo, e participou do filme "As melhores coisas do mundo", de Laís Bodanzky, em que levou o prêmio de ator revelação de 2010 da revista "Contigo!" – também estavam no elenco Caio Blat e Paulo Vilhena. Pela atuação em "Malhação", Fiuk recebeu ainda os prêmios Contigo! de TV e Jovem Brasileiro.

O motivo da polêmica entre os dois foi um vídeo publicado em 21 de julho de 2010. Felipe inventou o verbete "fiukar, do latim *'aurelius fiuknemous'*. Ato ou efeito de agir como um verdadeiro retardado para iludir uma penca de adolescentes igualmente retardadas, de modo a deixá-las com as coxas úmidas pensando que são amadas por um ídolo babaca". Na cena em que lê a definição inventada, ele tem à mão "O gene egoísta", livro lançado em 1976 pelo biólogo evolutivo Richard Dawkins.

Anos depois, Felipe disse ter recorrido a Dawkins porque precisava de um livro para esconder o texto que leu no vídeo. Pode até ser coincidência, mas o britânico é uma das referências no estudo da evolução e "O gene egoísta", um clássico por ter estabelecido conceitos que perduram até hoje, caso do "meme" – que deu origem ao termo usado para descrever uma imagem ou GIF que viraliza na rede. Meme, na visão de Dawkins, é uma informação ou comportamento que se multiplica. Seria uma unidade de conhecimento que se transforma numa ideia compartilhada. Por mera analogia, aqueles que se enquadram no termo "fiukar" estariam propagando um meme.

Felipe defendeu a ideia de que o objetivo dos ídolos *teen* – Fiuk, por exemplo – era o de transformar os adolescentes em massa de manobra. Pessoas adestradas, seguidores fiéis dos ídolos que receberiam em troca falsas declarações de amor. "Eu não amo meus fãs. Eu não conheço 99,9% dos meus fãs. Mas aí entra o detalhe: isso não significa que eu odeie os meus fãs. Existe esse conceito aqui no Brasil. Se você não trata o seu fã falando que ama, significa que você está tratando mal. Não, caralho! O que você tem que exigir do seu ídolo é que ele te trate como gente. E isso inclui, principalmente, não mentir para você, nem te iludir e te tratar como um babaca", afirmou.

* * *

O verbo "fiukar" marcou a trajetória de Felipe, que se tornou uma espécie de *hater*, com opiniões fortes e contundentes. O entrevero com Fiuk é contado em seu primeiro livro – em 2013,

Felipe estreou no mercado editorial com "Não Faz Sentido: por trás da câmera" (Editora Casa da Palavra), em que narra a história do canal que construiu aos 22 anos, nascido no quarto dos fundos da casa no Engenho Novo. A polêmica com o cantor mereceu um capítulo inteiro. Ele explica que a ideia do vídeo surgiu de uma conversa com o youtuber PC Siqueira, nome artístico de Paulo Cezar Goulart Siqueira, dono de um canal que repercutia à época, o Maspoxavida. A intenção era criticar a postura de ídolos que, segundo Felipe, transformam-se em "babacas" na relação com os fãs. Ele diz que usou Fiuk como exemplo porque foi o primeiro nome que lhe veio à mente, mas poderia ter sido Luan Santana.

O vídeo com o verbete "fiukar" repercutiu desde os primeiros minutos no ar. Em poucas horas, Felipe Neto era um dos nomes mais comentados nas redes sociais. A audiência se dividia entre xingamentos das fãs de Fiuk e apoio de quem pensava como o youtuber. O próprio cantor respondeu no Twitter após o vídeo ganhar uma audiência gigantesca: "Felipe, você é muito bom, cara! Só não mexe com quem está quieto. É triste ter que falar mal dos outros para fazer sucesso. Mas ficou engraçado".

Felipe rebateu com deboche e insinuações. "O Fiuk é tão genial que conseguiu usar o mesmo argumento das suas fãs de 11 anos. Exemplo de como lidar com público-alvo, a gente vê por ali. Mas relaxa, Fiuk, eu sei que precisei falar mal dos outros pra fazer sucesso. Azar o meu, não nasci com papai famoso", reagiu Felipe. E ainda insinuou que o cantor-ator carecia de talento – em janeiro de 2021, quando Fiuk entrou no "Big Brother Brasil", o youtuber tirou do ar o polêmico vídeo.

Felipe seguia uma receita para agitar a internet, infalível desde os primórdios das redes sociais: apontava seu canhão contra figuras que mobilizavam multidões, principalmente adolescentes. Com isso, tornava seu nome cada vez mais comentado.

Os apaixonados pelos filmes da saga "Crepúsculo" também

foram alvejados. Criada pela norte-americana Stephenie Meyer, a trama é centrada no amor entre um vampiro e uma jovem deslocada e distante dos padrões de beleza do século XXI. O livro de estreia foi publicado em 2005, seguido de outros três nos anos seguintes. A adaptação para o cinema resultou em cinco filmes, exibidos de 2008 a 2012, com bilheteria bilionária – por volta dos US$ 3,3 bilhões de arrecadação, somadas todas as produções.

Em julho de 2010, após a estreia de "Eclipse", terceiro dos cinco episódios da série, Felipe gravou o vídeo "Não faz sentido – Crepúsculo", que até abril de 2021 totalizava mais de 16 milhões de visualizações. Ele comenta que "a autora do livro é muito inteligente. Decidiu criar um livro onde em uma única personagem iria colocar todas as inseguranças femininas. Todas. E o objetivo dela foi muito simples: fazer com que todas as mulheres do planeta se identificassem com a personagem principal".

Para Felipe, a protagonista da trama era uma menina "esquisita, sem sal e nenhum atrativo". Opinou ainda que "as mulheres de verdade, independentes e maduras" não liam ou assistiam a "Crepúsculo", e que a série ficcional era feita somente para "menininhas ou menininhos que queriam ser menininhas". Em sua análise, quem sonha em seguir os passos da protagonista Bella Swan, de esperar um príncipe encantado, vai morrer "gorda, sozinha, virgem, cheia de pôsteres de 'Crepúsculo' e fedendo". E conclui dizendo que foi a série "que mais marcou a adolescência depois de Harry Potter e que mais causou estrago na juventude mundial".

Em sua cruzada contra a indústria do sucesso, Felipe despertou a antipatia de outros fã-clubes – chamados de "fandoms", aglutinação das palavras em inglês *fan* (fã) e *kingdom* (reino) –, entre eles os de apaixonados pelo cantor pop canadense Justin Bieber e por E. L. James, a autora da trilogia "50 tons de cinza", publicada a partir de 2011. Nos vídeos, mais uma vez, ele faz *bullying* com comportamentos, além de ironizar desejos femininos. "E aí aparece ele *(Justin Bieber)* com aquela vozinha. Coloca aquele cabelo totalmente afeminado. Usa batom, maquiagem, rímel e as meninas se apaixonam por ele. Por que, velho? Por quê? O Justin é tão menina que saiu uma lista das cem artistas femininas mais pesquisadas pelo Google e ele ficou na sétima posição!", diz num de seus vídeos.

Quem acompanha Felipe Neto hoje e assiste aos seus primeiros trabalhos na internet se surpreende: o combativo youtuber, defensor das minorias, tinha um comportamento bem diferente há uma década, mas não menos radical. Contudo, o bafafá que seus vídeos no YouTube gerariam o tornariam também uma celebridade entre uma parcela do público jovem em busca de conteúdo diverso do apresentado na televisão, sem as rédeas da audiência e do senso comum.

Felipe acumulou recordes na plataforma. Foi o primeiro youtuber de língua portuguesa a alcançar um milhão de inscritos, em agosto de 2012 – outro brasileiro chegou lá antes dele: Joe Penna, que cresceu nos Estados Unidos, atingira a marca com o canal MysteryGuitarMan, em julho de 2010. Assim, a TV, que no início da década não conhecia concorrentes, passou a ver no influenciador do subúrbio do Rio uma nova cara para o entretenimento.

6
FLERTE
COM A TV

O ano de 2010 chegava ao fim, mas algumas surpresas ainda estavam reservadas para o jovem magricelo de 1,80m de altura. Após toda a polêmica do vídeo "Fiukar", Felipe Neto recebeu a notícia de que fora indicado na categoria Webstar daquele ano do Prêmio VMB. O Video Music Brasil era uma das premiações mais badaladas do cenário artístico jovem do país, iniciativa da MTV Brasil, que há mais de uma década chancelava os principais nomes da música e da cultura pop. O apresentador foi Marcelo Adnet, o humorista carioca que fazia sucesso na emissora com o programa "15 minutos", reunindo esquetes de humor com imitações e piadas, muitas delas criadas na base do improviso.

Felipe concorria com Katylene (um blog de humor), Joe Penna (músico e youtuber, o tal brasileiro radicado nos Estados Unidos que criou o MysteryGuitarMan), O Criador (perfil no Twitter) e o amigo PC Siqueira. Ao ser anunciado vencedor pelo ator e cantor mexicano Christian Chávez, Felipe subiu ao palco acompanhado de PC. "Valeu! Quero agradecer muito a todo mundo que votou e participou. Trouxe aqui o meu amigo PC Siqueira, que também fez parte de todo esse movimento e é um ícone da internet. Muito obrigado a todos e a todas as pessoas presentes na minha vida, a minha família. Família de verdade. Pai, mãe, obrigado. Muito obrigado!", disse, aos gritos, numa crítica velada aos ídolos que se referiam aos fãs como "família". Um recado às "bandas coloridas" e aos adeptos do que ele batizara de "fiukar".

O prêmio despertou o interesse de canais de televisão. A Record, de São Paulo, foi a primeira a procurá-lo. Felipe descreve o encontro no livro "Não Faz Sentido: por trás da câmera": um executivo da emissora o recebeu e lhe propôs ser repórter de rua no novo programa de Ana Hickmann, uma das estrelas do canal. Ele faria entrevistas em meio ao corre-corre do dia a dia, abordando pautas da atualidade. Felipe recusou. Achou que seria traição com o público da internet trocar o estilo ácido e provocativo pelo "humor banal". O diretor da emissora reagiu com uma praga: disse que ele perdera a chance de sua vida. Felipe riu.

Em dezembro de 2010, o youtuber aceitou o convite do canal por assinatura Multishow, da Globosat, para estrelar o programa batizado de "Será que faz sentido?". O personagem de Felipe, quase autobiográfico e com seu próprio nome, era um ator em formação em busca de fama na TV. Os episódios, com 30 minutos cada, iam ao ar aos sábados. Felipe contracenou com Marcus Majella e Rafael Infante, e foi dirigido por Ian SBF, da produtora Anões em Chamas.

A avaliação, após a primeira temporada, foi de que a fórmula fracassara: a audiência e a repercussão ficaram aquém da expectativa ao longo dos 16 episódios, o último exibido em março de 2011. Partiu-se então para um novo formato e o programa mudou de nome para "Até que faz sentido", com direção e produção novas. Passou a contar no elenco apenas com Felipe, que abria cada episódio encarnando o personagem que criara em seu canal no YouTube. "O que eu mais escuto nesse tempo todo de internet é que é muito fácil criticar atrás do computador. Que eu sou um covarde que se esconde atrás do teclado, que só falo as coisas porque não tem ninguém no meu quarto para responder. Bom, eu saí do meu quarto para ver o que acontece", dizia na chamada de apresentação do programa.

Com os indefectíveis óculos escuros, abordava sempre temas que rendiam polêmica, como fast-food ou o que as mulheres gostam em um homem. Depois de dar sua opinião, Felipe entrevistava desconhecidos na rua. O programa seguiu com periodicidade semanal e ficou no ar por duas temporadas, cada uma com 13 episódios, entre julho de 2011 e abril de 2012. A audiência melhorou, mas sem alcançar a repercussão que o youtuber tinha na internet.

Ainda em 2010, antes de assinar com o Multishow, Felipe acertou também sua estreia na TV aberta. O desafio era levar humor e irreverência à programação esportiva da TV Globo. Ele ganhou um quadro no "Esporte espetacular", atração dominical consagrada na grade da emissora, da qual participavam o ator e roteirista Fábio Nunes e o diretor Ian SBF, o mesmo de seus esquetes no Multishow.

O quadro era roteirizado, produzido e gravado por Felipe, com mais seis pessoas. Havia liberdade total; apenas nos episódios iniciais os roteiros foram submetidos ao comando da emissora. Depois de muitos pilotos, a estreia aconteceu somente em maio de 2011, no fim de semana de abertura do Brasileirão. A gravação de "Como começar bem o Campeonato Brasileiro" foi no campo do Nova Iguaçu Futebol Clube, da Baixada Fluminense, e os personagens usaram camisas do time local. O quadro foi ao ar, mas a equipe recebeu um puxão de orelha: o uniforme do clube trazia estampados os nomes de patrocinadores, que ganharam de lambuja exposição gratuita em rede nacional.

Quem convidou Felipe Neto para a Globo foi João Pedro Paes

Leme, então diretor executivo de esportes da emissora. Antenado, ele viu no youtuber uma aposta em renovação. A parceria entre ambos foi a primeira de muitas. João Pedro seria um dos responsáveis pela transformação de Felipe alguns anos depois. A participação no "Esporte espetacular" ficou no ar ao longo de 2011, e Felipe gostou de fazer TV: encarou como um aprendizado e também como rito de passagem criar conteúdo de entretenimento diferente do que produzia para a internet.

Serviu também para Felipe reavaliar a relevância da TV, apesar de, segundo ele, ser uma mídia em decadência. "Não tem clareza na verificação da audiência e do público-alvo", disse em 2017 em entrevista ao canal do jornalista Rica Perrone. Aos poucos, a telinha passou a pontuar sua carreira. Participou de programas de auditório e premiações, entre eles o Prêmio Multishow, de 2016, e o Millennial Awards, de 2018, da MTV, em que foi vaiado ao ser escolhido Ícone MIAW. "Esse prêmio é de todo mundo que se dedica diariamente a fazer conteúdo, seja onde for, já que todo mundo hoje tem direito a subir neste palco e receber o troféu. E se você vaia hoje alguém, talvez seja o seu sonho estar aqui em cima um dia. Pode pegar essa vaia e ir embora frustrado porque eu vou embora feliz pra caramba. Fui!", disse, após superar, pelo voto dos telespectadores, concorrentes como Anitta, Neymar, Pabllo Vittar e Whindersson Nunes.

* * *

Os vídeos feitos em 2010 no YouTube, no canal Não Faz Sentido, ainda renderiam a Felipe indiretamente uma folga financeira. Ele recebeu de Flávio Augusto da Silva, fundador da rede de cursos de inglês Wise Up, R$ 160 mil para ser garoto-propaganda da marca – cerca de R$ 300 mil em valores de fevereiro de 2021.

– Quando passei a me inteirar *(sobre a internet)*, o Felipe Neto estava naquela fase do Não Faz Sentido. Jovens talentosos sempre me chamaram a atenção e vi que tinha algo a mais nele. Não me refiro ao conteúdo, mas sim sobre o *entertainment*. O foco dele era divertir jovens – lembra Flávio Augusto.

Felipe participou de peças publicitárias badaladas. A Wise Up decidira investir pesado em publicidade para divulgar o crescimento da empresa e a criação de uma nova marca, a Wise Up Kids. Flávio Augusto recrutou nomes de destaque para a missão, o mais famoso deles o ator Rodrigo Santoro. Em 2011, outras estrelas entrariam na campanha: o humorista Fábio Porchat, Felipe e um de seus maiores desafetos, Fiuk.

No primeiro comercial para a TV, Felipe e Fiuk gravaram separadamente. No segundo, porém, a empresa apostou numa jogada de marketing ao tratar da briga virtual entre eles: o cantor e Felipe tiveram de comentar sobre como seria um encontro dos dois, deixando transparecer que o ambiente ainda não era dos melhores e poderia resultar até em briga no estúdio.

– Eu já morava nos Estados Unidos e não participei diretamente da gravação. Não achei que teria briga. Fiuk chegou na boa e o maior problema seria ele topar a ideia, enquanto Felipe achou divertido. Fiuk era maior naquela época e, quando o abordamos, falamos que era a oportunidade de desfazer esse problema. Falamos: "Tem coisa melhor que você pegar e abraçar um *hater*?" – conta Flávio, que celebrou os resultados da campanha: a repercussão foi grande e suas duas estrelas passaram ao largo de qualquer tipo de confusão.

O ano de 2010 chegou ao fim com mudanças importantes na vida de Felipe, que já reunia mais de 400 mil seguidores no YouTube. Após o sucesso meteórico nos primeiros meses do ano e o interesse de canais de TV e de anunciantes, brotava nele a ideia de criar algo maior. Um canal específico de humor, com produções bem trabalhadas, roteirizadas e frequência preestabelecida. De certa forma, com um "padrão televisão". Era hora de empreender fazendo piada.

7
UM PIONEIRO
NO YOUTUBE

Com o Não Faz Sentido já consolidado após um semestre, Felipe passou os últimos dias de 2010 pensando no projeto de um canal de humor no YouTube. Este tipo de negócio ainda engatinhava no país, mas o futuro mostraria que o caminho era esse, com o estrondoso sucesso de empreendimentos do gênero, o mais famoso deles o Porta dos Fundos. O pioneirismo, porém, coube ao Parafernalha, de Felipe Neto.

O produto reforçaria seu tino para empreender, característica que aparecera na adolescência, com sites e blogs, ou com o negócio de telemensagens, aos 13 anos. A premissa do Parafernalha era a de oferecer vídeos com cronograma de publicações, roteirizados e organização semelhante à de produções de TV. Teria ainda grade definida, com peças levadas ao ar ao menos duas vezes por semana para fidelizar a audiência.

Diferentemente de hoje, na época era muito mais difícil um

material no YouTube viralizar. O Facebook se tornaria a rede social preferida dos brasileiros somente em 2012, enquanto o WhatsApp se popularizaria a partir de 2013. Felipe enxergou no YouTube o caminho para o reconhecimento que tanto buscava. A plataforma poderia render dinheiro e ao mesmo tempo abrir espaço para fazer o que, de fato, o mobilizava: criar e atuar. Ele reuniu um grupo de pessoas interessadas em produzir para a internet, algumas parceiras de projetos anteriores, que indicaram mais nomes.

O impulso para o negócio deslanchar partiu de Flávio Augusto da Silva, da Wise Up. Em uma reunião no Rio, Felipe lhe apresentou o esboço do que seria a primeira empresa brasileira de produção de humor para o YouTube. Flávio Augusto reconhece que sua participação foi importante para o desenvolvimento do Parafernalha.

– Fui uma espécie de investidor anjo. Foi com esse dinheiro que Felipe iniciou o projeto. A gente fez um formato de troca por publicidade. Ele me disse que o capital necessário era X. Falei: "Olha, a gente transforma isso em publicidade". Desde então fizemos amizade e eu sempre estive à disposição dele para alguma opinião, algum conselho sobre negócios – conta o empresário.

O aporte girou em torno de R$ 250 mil (cerca de R$ 440 mil em valores corrigidos para 2021). Felipe, porém, nunca se referiu publicamente ao apoio. Em um vídeo no YouTube, de 2015, ele disse que o dinheiro do Parafernalha veio do que recebera com os primeiros trabalhos na internet, após o *boom* do Não Faz Sentido, e da campanha para a Wise Up: "Em 2011, eu peguei todo esse dinheiro acumulado, comprei alguns imóveis, para ser a minha garantia, porque, se tudo desse errado, eu teria aquele investimento para me salvar, e decidi injetar todo o resto do dinheiro que eu tinha feito nessa empresa, que se chamava Parafernalha".

O montante assegurou o aluguel de uma sala comercial e a aquisição de uma estrutura básica para pôr o canal no ar. O primeiro endereço foi uma pequena sala na Galeria Condor, centro comercial no Largo do Machado, na Zona Sul do Rio. De início, menos de dez pessoas ocupavam o espaço.

– Tivemos três salas na Galeria Condor. Uma bem pequena, outra um pouco maior e depois fomos para a cobertura. Nessa última fase, tinham pelo menos 25 a 30 pessoas trabalhando fisicamente, sem contar as que trabalhavam por fora – lembra Léo Luz, primeiro roteirista do canal.

Se na teoria a ideia fazia todo o sentido, a prática mostrou que seria difícil atingir os milhões de visualizações perseguidos. Não havia equipamentos suficientes para dar conta da produção e da edição dos vídeos; as gravações externas eram uma dor de cabeça, faltavam até microfones. Felipe minimizou as dificuldades em seu primeiro livro. Mas, além de material, também faltavam braços para dar conta dos muitos projetos simultâneos.

Mesmo com a carga excessiva de trabalho e pouco retorno financeiro, o clima era bom. Quem topava se arriscar no projeto não podia pensar em dinheiro. Alguns aceitaram reduzir pela metade o que recebiam em empregos anteriores, enquanto outros foram contratados sem carteira de trabalho.

– A empresa tinha muitos problemas, mas a atmosfera do trabalho funcionava, todo mundo era amigo. Os problemas estavam relacionados à questão de pagamento. Dependia muito do bolso do Felipe e ele pagava o que podia. Mas entramos sabendo que não seria um salário justo. Tinha coisa errada, digamos. Se o Ministério do Trabalho fosse averiguar, iria achar muita irregularidade – conta Osiris Larkin, primeiro diretor do Parafernalha.

As questões trabalhistas não eram colocadas nas costas de Felipe. Todos sabiam que se tratava de uma *startup* – empresa inovadora em sua fase inicial, algo recente no país. Os problemas foram explodir anos depois em ações trabalhistas. Um ex-funcionário recorreu ao Tribunal Regional do Trabalho da 1ª Região exigindo férias, diferença sobre o FGTS e aviso-prévio remunerado. Em 2019, a futura controladora do canal fecharia um acordo de R$ 60 mil com o profissional. Este foi apenas um dos casos.

Nos primeiros dois anos, o estilo inovador do Parafernalha seduziu muita gente a embarcar na empreitada. O primeiro vídeo foi ao ar em 16 de junho de 2011, com o ator Fábio Dutra, que tinha atuado com Felipe no "Esporte espetacular". Era o único personagem do esquete "Morar sozinho é...", quadro isolado, o pontapé inicial na trajetória do canal. O mantra era produzir mensagens diretas e claras em gravações simples, de no máximo cinco minutos. Ganhou destaque, por exemplo, o quadro "Coisas que gostaríamos de dizer...", que fazia humor com banalidades do dia a dia, como um pum no elevador ou alguém escutando música no volume máximo na rua sem fone de ouvido.

De início, Felipe participava do processo de criação, integrava o elenco de alguns esquetes e planejava os passos da produtora. Seu foco eram conteúdos escrachados para o público mais popular, sem tantos diálogos, com temas escatológicos e falas carregadas de palavrões.

– Ele sempre gostou de um humor muito popular, muito físico. Na realidade, Felipe não sabia, mas sempre quis o público popular. Gostava de piada de peido, bunda, sexo, meu pau tem 30 centímetros... Não foi algo aleatório, ele realmente guiou o público para esse humor – diz Léo Luz.

Apesar das dificuldades, o Parafernalha seguiu a tendência do Não Faz Sentido na rotina de quebrar recordes: fez seu primeiro milhão de inscritos em janeiro de 2013, o segundo canal de língua portuguesa a registrar esta marca. Em março, foi o primeiro perfil de língua portuguesa no YouTube a conseguir dois milhões de inscritos – ou seja, dobrou o número em dois meses – e a somar mais de 250 milhões de visualizações.

Felipe, segundo os colegas, dedicava-se de corpo e alma à empresa. Estava sempre presente e muitas vezes era o primeiro a chegar e o último a sair da sede da produtora.

– Ele trabalhava bastante no Parafernalha. Se chegasse mais cedo *(na produtora)*, ficava até o horário de todo mundo ir embora, nisso ele era bem presente. Não queria que nada fugisse de seu controle. Até eu sair da empresa, não subia *(ia ao ar)* vídeo algum sem ele ver primeiro – lembra Luz.

Ainda em 2013, o Parafernalha fechou uma inédita parceria com a Netflix, plataforma de *streaming* que começava a investir no país. Pretendia levar para o seu catálogo uma produção brasileira e escolheu a série "A toca", assinada por Léo Luz e Douglas Felix. Era inspirada no seriado norte-americano "The office", estrelado por Steve Carell e John Krasinski. Como o nome diz, era ambientado em um escritório *(office*, em inglês, quer dizer escritório), com estilo semelhante ao de um documentário. O cenário da versão brasileira era a própria sala da Galeria Condor.

Nesta época, Felipe morava a poucos metros da produtora, na Praça São Salvador, em Laranjeiras. O lugar é rodeado por uma unidade do Corpo de Bombeiros, prédios residenciais e ao menos uma dúzia de bares, que atraíam jovens para beber, fumar e paquerar. Era comum a equipe se reunir ali, após o expediente, no Bar Casa Brasil, mas sem Felipe, que ficava em casa assistindo a séries, lendo ou escrevendo. Não que não gostasse de confraternizações, elas aconteciam algumas vezes em seu próprio apartamento. Mas seu estilo caseiro já era algo característico, até para fugir do assédio de fãs. Se hoje ele atrai multidões por onde anda, já naquela época causava algum frisson; admiradores queriam abraçá-lo ou tirar uma foto quando saía para almoçar com a turma da produtora.

Felipe preferia passar parte de seu tempo livre com a namorada, Maddu Magalhães, umas das primeiras funcionárias do Parafernalha, e que também viria a ter um canal no YouTube. A relação começou antes de a empresa decolar, logo após o Não Faz Sentido virar um sucesso, no segundo semestre de 2010. Quando não estava com a namorada, dedicava-se aos hobbies: videogame e jogos de tabuleiro com os amigos – não raro reunia os mais próximos em sua casa, após o trabalho, para partidas de RPG.

* * *

O canal Parafernalha ficou conhecido também pelas parcerias com vários youtubers. Até julho de 2012, nomes como Caue Moura, Kéfera, Marcos Castro, Felipe Castanhari e Pablo Peixoto fizeram participações nos vídeos da produtora. A reunião de astros da internet chegou a causar burburinho: o canal estaria contratando todos os principais nomes do YouTube. "Não há dinheiro envolvido. As pessoas estão entrando para simplesmente fazer parte de algo maior. Pessoas unidas com um propósito: fazer com que o YouTube brasileiro cresça. Essa rede e todas essas questões que estamos fazendo com a *(empresa)* Parafernalha são realmente para motivar o YouTube e a produção de conteúdo nacional", disse Felipe, irritado, num vídeo postado em seu canal pessoal, aquele em que mostrava os bastidores das produções e de sua vida.

O ritmo intenso de trabalho levou Felipe a repensar o futuro da empresa. Entre outubro e dezembro de 2013 a produção de vídeos foi paralisada, gerando uma avalanche de teorias e comentários na internet. Ele embarcou nas fofocas e, em tom de brincadeira, postou em seu Twitter que o canal teria chegado ao fim, o que teve forte repercussão na mídia. Dias depois foi ao ar o vídeo "O fim da Parafernalha", apresentando o que viria a ser a nova fase da produtora, com esquetes inéditos e diferentes formas de fazer humor. Era só um freio de arrumação que Felipe transformou em ação de marketing.

Nos primeiros anos, a produtora também foi a casa de nomes

como Carol Garcia, Daniel Curi, Rafael Portugal e Silvio Matos, entre outros atores. O Parafernalha pavimentou o caminho que viria a ser seguido por muitos na internet. Os que participaram da iniciativa desde o começo garantem que, como projeto, a criação de Felipe alcançou o seu objetivo. Foi o primeiro perfil brasileiro de humor bem-sucedido, tocado por jovens que acreditavam no conteúdo produzido no digital. Em abril de 2021, o canal – hoje já não mais nas mãos de Felipe – contava com 12,5 milhões de inscritos.

8
LOS ANGELES
É LOGO ALI

Um episódio crucial na história de Felipe Neto e do Parafernalha ocorreria a mais de dez mil quilômetros da Galeria Condor, em Los Angeles, nos Estados Unidos. Em 2012, ele e o xará Fellipe Lourenço, amigo de infância e responsável por levar novos parceiros para a empresa, receberam um e-mail da Maker Studios, grupo norte-americano sócio de canais em diferentes plataformas. A Maker informava que buscava parcerias na América Latina.

Animados, os dois mergulharam na história da empresa californiana e estudaram sua operação. Felipe precisava do que a Maker Studios oferecia desde 2009 nos Estados Unidos: curadoria de conteúdo, assistência técnica, ferramentas para melhorar o alcance dos canais e recursos financeiros. A primeira troca de e-mails foi com um estagiário brasileiro da área de marketing, baseado em Los Angeles. Felipe e Lourenço apresentaram o canal Parafernalha, o mercado brasileiro e o potencial do YouTube no país.

Em seguida, eles conheceram Danny Zappin, executivo da Maker Studios e ex-youtuber, que desde o início dos anos 2000 estava à frente de empreendimentos na internet. Foram algumas conversas por Skype, até que Zappin marcou uma reunião na sede da empresa. Durante uma semana, depois do expediente, Felipe e Lourenço viraram noites consolidando as ideias que poderiam dar um novo rumo ao Parafernalha. A audiência do canal crescia, mas a produtora patinava em estrutura e em pessoal.

A reunião nos Estados Unidos fora marcada para o fim de junho de 2012. Nesse meio tempo, outra empresa americana entrou em contato com eles. A Fullscream, que também produzia conteúdo para múltiplas plataformas, pediu que a dupla apresentasse um projeto semelhante ao que seria levado para a Maker Studios. Os dois brasileiros não têm ideia de como a segunda empresa soube do interesse da concorrente; suspeitam que o fato de a Fullscream ter, à época, ex-funcionários da Maker Studios tenha feito a notícia circular.

Felipe e Lourenço optaram por deixar as negociações às claras. Informaram às duas empresas sobre o andamento das conversas. A primeira a recebê-los foi a Fullscream, para uma reunião numa pequena sala de um prédio comercial, também em Los Angeles. Apesar da pouca estrutura, eles saíram de lá com a promessa de que receberiam investimentos robustos num curto espaço de tempo.

A apresentação para a Maker Studios ocorreria alguns dias depois. Os dois ficaram em Culver City, no condado de Los Angeles, hospedados no Culver Hotel, construído em 1924 e que se tornou patrimônio urbanístico pelo estilo neorrenascentista. Nos anos 1920, aquela região era a meca das produções cinematográficas, sede do MGM Studios, e por este hotel passaram grandes estrelas de Hollywood – Judy Garland, Ray Bolger e Margaret Hamilton se hospedaram ali durante as filmagens de "O Mágico de Oz", em 1939.

Felipe e Lourenço estavam naturalmente ansiosos na véspera da reunião. Saíram para lanchar e acertaram os detalhes finais da apresentação. Eles foram recebidos pelo time de executivos da Maker Studios: além de Zappin, os cofundadores Lisa Donovan e Scott Katz.

– Estava todo mundo lá e a gente começou a apresentar. Na verdade, o Felipe expôs o projeto, ele adora isso. Eu fiquei só conversando e indicando algumas coisas para ele falar – lembra Lourenço.

Foi boa a reunião. Os dois saíram convencidos do interesse dos americanos em selar uma parceria para criar uma nova empresa no Brasil. Felipe, porém, não considerava, de cara, fechar o negócio. Estava tentado assinar contrato com a Fullscream, de olho na promessa de grandes parcerias e investimentos no futuro. Lourenço, por sua vez, jogava suas fichas na Maker Studios.

– Felipe não costumava dar bola para muita gente, mas sempre me ouviu. Muitas vezes, me escutava depois de discutir e entrar em um acordo. Além disso, eu era muito tranquilo, não competia com ele – conta Lourenço.

Dono de uma personalidade forte, Felipe tinha fama de intransigente. Não que destratasse alguém, mas fazia valer sua posição de chefe. Os colegas sabiam também do tamanho do seu ego. Além de brilhar no YouTube, ele gostava de ser visto como CEO de sucesso. Segundo ex-companheiros de trabalho, Felipe tinha um estilo de liderança que poderia ser chamada de "marrenta". Para alguns, com atitudes exageradas; para outros, algo natural. O fato é que não é comum alguém, aos 24 anos, abrir mão de um futuro na TV para construir uma empresa do zero, produzir vídeos de humor e acumular uma sucessão de recordes.

* * *

Após alguns dias de discussão, Felipe cedeu aos argumentos de Lourenço e criou a Paramaker, primeira parceria de uma empresa brasileira com uma estrangeira para a criação de conteúdo no

YouTube. O nome é a mistura de Parafernalha com Maker Studios. A nova empresa aportou inteligência – passou a monitorar canais com potencial no país –, know-how técnico e orientou sobre formas de desenvolver conteúdo.

O modelo de negócio era dividido em duas frentes: a primeira abraçava a produção de conteúdo para grandes canais do YouTube e o desenvolvimento de projetos com potencial de venda para outras mídias. A segunda linha de atuação era a de *network*, em que criadores de conteúdo que se associassem à Paramaker receberiam ferramentas para se profissionalizar e crescer. Em contrapartida, a empresa ficava com cerca de 30% da receita gerada por estes canais.

O canal Parafernalha não deixou de existir. A Paramaker o incorporou e também acrescentou ao portfólio o Não Faz Sentido, idealizado por Felipe em 2010. Trouxe ainda para o seu *cast* outros youtubers. A ideia era investir em conteúdo de criadores com potencial, casos de Um Sábado Qualquer, de Carlos Ruas, de animações e desenhos de humor, e do Rato Borrachudo, apelido do influenciador Douglas Mesquita, famoso por usar uma máscara de rato em seus vídeos.

A Paramaker apostou ainda em canais de games. De acordo com a consultoria PWC (PricewaterhouseCoopers), o segmento no Brasil movimentara R$ 840 milhões no início dos anos 2010, a quarta posição no mundo. A empresa criou, então, o The Game Station Brasil, mais conhecido como TGS Brasil, canal de games que bateu recordes de audiência no YouTube brasileiro entre 2012 e 2015. Era a versão nacional do ambiente digital norte-americano de mesmo nome, que atraía um público crescente desde 2007, com vídeos de jogos e tutoriais. Após convites de Felipe, youtubers especializados passaram a apresentar o canal.

Os vídeos do TGS cativaram um público fiel e impulsionaram a proposta da Paramaker de fazer curadoria de conteúdo para outros criadores do YouTube. Jogadores de games movimentam, desde o início da década de 2010, bilhões de visualizações em todo o mundo. Representavam 70% do total de canais sob o guarda-chuva da empresa.

– A gente chegou a ter mais de 3.500 canais na Paramaker. Montamos uma equipe para responder a estes parceiros, mas era muita gente e às vezes demorava. A estrutura não cresceu no mesmo ritmo da demanda. De qualquer forma, foi uma empresa interessante de se trabalhar – conta Lourenço.

O calcanhar de aquiles da Paramaker foi justamente não ter mão de obra em quantidade suficiente para atender às inúmeras parcerias. Youtubers cobravam Felipe por atrasos no repasse de valores e se queixavam de falta de apoio, algo que o influenciador sempre rebateu. Ele também ouviu reclamações sobre descumprimento de contratos ou acordos verbais. Felipe Castanhari, dono do canal Nostalgia, perfil famoso por reviver momentos marcantes das décadas de 1980, 1990 e 2000, tornou público o seu descontentamento. Disse que não fora respeitada a promessa de liberação do seu perfil caso a parceria não o agradasse. O destrato só aconteceu após um desabafo no Twitter, que despertou outros criadores de conteúdo a relatarem dificuldades do negócio.

* * *

Em meio às turbulências, Felipe Neto voltaria aos Estados Unidos para uma fase importante da sua vida. Em novembro de 2014, passou algumas semanas em Cambridge, cidade na região metropolitana de Boston, capital do estado de Massachusetts. Com carta de recomendação de Ynon Kreiz, ex-CEO da Endemol – produtora holandesa especializada em criação de reality shows, entre eles o "Big Brother" –, Felipe foi convidado para o Key Executives Program, de Harvard, voltado para empreendedores top; um programa de especialização na melhor universidade do mundo.

Ele passou cerca de um mês nos Estados Unidos. Os alunos eram desafiados a oferecer soluções para problemas diversos. Em um vídeo postado em seu canal, filmou uma pilha de livros que tratavam desde estratégias para gerir empresas a técnicas de vendas – o programa da faculdade norte-americana tem dois módulos, mas até o início de 2021 o empresário e youtuber não concluíra a segunda parte.

Ao longo dos últimos anos, Felipe destacou a importância do curso em suas redes sociais. Fez também postagens no Twitter, ironizando o fato de políticos terem fraudado o currículo para incluir Harvard, caso de Wilson Witzel, então governador do Rio, eleito em 2018 e impichado em 2021. "Estou muito feliz e bastante satisfeito com tudo o que aprendi. Sem dúvida foi uma experiência transformadora. Estou me sentindo munido de condições de fazer um trabalho ainda melhor nas minhas empresas", disse.

No seu retorno ao escritório da Galeria Condor, porém, Felipe pouco tocou no assunto e não compartilhou com a equipe o que aprendera nos Estados Unidos. Entre os companheiros da época, há a quase certeza de que o curso no exterior serviu mais para inflar o lado empreendedor do jovem empresário. Afinal, Harvard é Harvard. Não se entra naquela universidade sendo apenas um sujeito inteligente. O processo de seleção é extremamente rigoroso e, mesmo um curso de especialização, chancela quem passa por lá com um diferencial profissional para a vida toda. É a maior formadora de presidentes dos Estados Unidos, entre eles Barack Obama.

A despeito da experiência, da bagagem adquirida, as dificuldades batiam à porta de Felipe e comprometiam sua imagem de criador de uma *startup* saudável, tocada por jovens promissores e sempre de olho em voos mais altos. Tensões internas resultaram na saída de alguns diretores e a percepção de que a empresa não voava em céu de brigadeiro.

9
TEMPOS
DIFÍCEIS

Com a parceria com a Maker Studios já consolidada, a empresa Parafernalha, que começou com quatro pessoas, reunia mais de 80 funcionários em 2015. A estrutura exigia espaço. A produtora alugou um casarão na Ladeira da Glória, na Zona Sul do Rio. As despesas acompanharam o crescimento da receita: o faturamento anual girava em torno dos R$ 5 milhões, boa parte consumida pelos gastos, pondo em risco projetos futuros. Houve divergências. Enquanto Felipe queria crescer e oferecer mais conteúdo no YouTube sob a gestão da Paramaker, Lourenço defendia corte de despesas – redução no número de funcionários e nos gastos, para garantir a sustentabilidade do negócio.

Investimentos feitos à época não deram o resultado esperado e o clima não era dos melhores. Um diretor financeiro levado por Lourenço deixou a Paramaker e voltaria meses depois, após um pedido de Felipe. Com o projeto desandando, Lourenço se desconectou. O desgaste dos anos anteriores o fez concluir que sua permanência não fazia mais sentido. O distrato não foi dos mais fáceis para ambos, amigos desde o colégio – mas conseguiram seguir caminhos próprios, com um mínimo de rusgas e ressentimentos. A rádio-corredor, porém, informava que a saúde financeira da empresa não ia bem, com dívidas contraídas especialmente a partir da nova estrutura. Dores do crescimento.

– Acho que o Felipe, por ser muito jovem, tentou abocanhar uma coisa que era muito grande. Até acho isso um ponto positivo dele, é alguém que está sempre tentando se superar e conseguir algo maior. É ótimo ter essa ambição, só que, neste caso, ele pecou. O empreendimento mal tinha deslanchado e ele já estava vendo outras coisas – lamenta Osiris Larkin, ex-diretor do Parafernalha.

A vida pessoal de Felipe também não ia bem. Em abril de 2015, chegava ao fim o relacionamento de cinco anos com Maddu Magalhães, e de forma nada amigável. De início, Felipe disse em postagens no Twitter que "nem sempre as coisas acontecem como gostaríamos" e que "relacionamentos acabam". Contou, também, que não havia volta.

Quando terminaram, Maddu, que nasceu no Rio e cresceu entre São Paulo e Porto Alegre, já arrastava um número considerável de fãs. Tinha um canal com seu nome no YouTube, em que postava vídeos no estilo "faça você mesmo", com dicas práticas sobre como produzir itens de decoração ou reformar móveis. Ela lamentou o fim do namoro de forma enigmática: "A coisa mais difícil que tem é ver alguém que você dividiu anos da sua vida simplesmente ignorar o seu pedido e não comentar algo que você pediu". Na internet sugiram rumores de que o rompimento foi consequência de uma suposta traição de Maddu, que se aproximara de Fiuk, rival antigo de Felipe, durante uma premiação. O detalhe é que a fofoca circulou em 2012, três anos antes da separação de fato. Amigos de ambos acreditam que o motivo foi o desgaste natural pelo tempo juntos.

Meses depois, Felipe assumiu uma postura pública mais agressiva em relação à ex-namorada. Em um vídeo ao lado do irmão Luccas, em que respondiam a perguntas de fãs, disse que tinha "dedo podre para escolher pessoa". Questionado sobre qual fora sua maior idiotice na vida, o caçula da família tomou-lhe a palavra e respondeu: "Namoro". O vídeo foi ao ar em 2016, mas deletado tempos depois. Maddu não reagiu; continuou no YouTube com o seu canal vinculado à Paramaker.

O pioneiro conglomerado de empresas do YouTube brasileiro seguia sua trajetória, mas o mercado já sabia das dificuldades e comentava-se que a Paramaker estaria à venda. Por um breve período, entre janeiro e abril de 2015, Felipe se mudou para São Paulo com o irmão, que atuava na área de marketing e relacionamento da companhia. Foram com a perspectiva de fechar negócio rapidamente com um interessado, mas a conversa não prosperou. Meses depois, porém, a multinacional francesa de entretenimento digital Webedia os procurou e a transação foi fechada em outubro daquele ano. Os franceses assumiram toda a organização dos canais vinculados à Paramaker – entre eles o Parafernalha – e os perfis de games.

Detalhes do negócio nunca vieram à tona; havia cláusulas de confidencialidade. Felipe continuou na empresa num cargo ligado à criação de conteúdo. A Paramaker passou a ser comandada por Luther Peczan, vice-presidente de conteúdo da Webedia, que àquela altura já contava com canais importantes no YouTube brasileiro, como IGN, Adoro Cinema e Tudo Gostoso. A saída definitiva de Felipe ocorreria em agosto de 2016, ao vender a parcela societária que ainda lhe restava; levou com ele o seu canal no YouTube, o antigo Não Faz Sentido, que passaria a ter o nome de seu criador.

Aos mais próximos, Felipe contou que seus últimos momentos na Paramaker serviram para colocar a casa em ordem, equacionar dívidas e pensar no futuro. Disse também que as pendências existiam, mas em nenhum momento a empresa deixou de honrar os compromissos básicos: salários e o aluguel do casarão na Glória.

Em meio à crise, ele se agarrou ao sonho de atuar, até para relegar ao passado o seu primeiro grande empreendimento. "Eu queria fazer teatro. Eu cansei, sou movido a paixão. Chegou um momento da minha vida que falei: 'Estou estagnado. Estou administrando uma empresa e não estou criando. Não estou criando um negócio, não estou criando conteúdo, não estou criando nada'. E falei: 'Chega'. Vendi tudo, fui criar a peça e voltei a focar no meu canal", contou em entrevista ao programa "SuperPop", da RedeTV!.

* * *

O anúncio da peça aconteceu quase simultaneamente à comunicação da sua saída do Parafernalha e da Paramaker. Foi feito em seu canal no YouTube, após algum mistério nas redes sociais sobre um tal "projeto secreto" que revelaria aos fãs. "Chegou a hora de eu poder anunciar para vocês o maior desafio que eu já tive na vida. Mas eu não vou contar. Vou trazer aqui uma pessoa que vocês gostam bastante, ou odeiam bastante também, para poder contar o que é 'Minha vida não faz sentido'", disse.

A tal pessoa era o personagem que o tornou famoso nos vídeos do Não Faz Sentido: o desbocado dos óculos escuros. Felipe escreveu a peça de teatro para rodar o Brasil contando sua vida, desde as dificuldades que enfrentou até criar o maior canal de um videomaker. "Eu vou aparecer na sua cidade. Exatamente, em carne e osso. Pela primeira vez na história desse país vocês vão ter a chance de ver essa figura linda, esbelta, com esse porte de grilo do Nordeste, indo até a sua cidade, aparecendo no teatro no espetáculo 'Minha vida não faz sentido'", anunciou, já encarnando o personagem.

Depois de se destacar na adolescência nos palcos do colégio Metropolitano, faltava em seu currículo estrelar uma peça profissionalmente. A encenação consistia numa espécie de diálogo entre o Felipe Neto real e seu "outro eu", aquele dos vídeos do Não Faz Sentido. Estavam no palco, "frente a frente", o personagem preconceituoso e um empreendedor que saiu do Engenho Novo para viver da internet. O espetáculo serviu também para ele expor, de forma mais clara, um posicionamento contra o preconceito e por mais respeito, que ecoaria em suas redes.

Enquanto o protagonista do esquete no YouTube destilava intolerância e minimizava preocupações com o que os outros pensavam, Felipe, no papel dele mesmo, tentava mostrar que aquilo era uma fase passada. O final parecia uma palestra motivacional, em que dizia: "Cheguei aonde eu cheguei e conquistei as coisas que conquistei por uma mistura de estudo e esforço. Esforço vocês viram o quanto foi ao longo dessa peça, e estudo não estou falando de química e física, porque disso eu não sei nada mesmo. Estou falando de leitura. Nada é mais importante na sua vida do que quantos livros você vai ler. Nada. A escola não tem essa importância. A faculdade não tem essa importância. (...) O que vai definir a sua capacidade cognitiva, sua capacidade de criatividade, de raciocínio, é a sua bagagem cultural. O que você absorve. Então, por favor, leia".

A peça rodou por diversos estados, principalmente cidades do interior do Rio e de São Paulo. O sucesso da temporada despertou o interesse da Netflix, que propôs uma edição especial, gravada no dia 7 de setembro de 2016 no Teatro Bradesco, em São Paulo, numa sessão lotada. Em março do ano seguinte já estava no ar, com uma hora e 30 minutos de duração, contando com uma breve participação do humorista Maurício Meirelles, amigo de Felipe. Até abril de 2021, o especial seguia no catálogo brasileiro da Netflix.

* * *

Nos bastidores desse período de sua vida, Felipe aproveitava a fase de solteiro. Era comum vê-lo em festas, entre uma brecha e outra na agitada agenda de apresentações. Ele não fazia parte da turma da cerveja; preferia bebidas destiladas. Aos amigos, gostava de se vangloriar das suas conquistas amorosas.

Enquanto realizava o sonho de atuar, ele estabeleceu como meta a retomada de seu canal na internet, deixado de lado nos anos em que se dedicou à gestão do Parafernalha e da Paramaker. O YouTube havia mudado. Ganhava espaço na plataforma um discurso de mais entretenimento, com vídeos que mesclavam relatos pessoais e brincadeiras. "Um novo perfil de ídolo desponta como o preferido entre os jovens brasileiros. Não é preciso gostar das mesmas coisas ou ter ideias parecidas para influenciá-los. Beleza física também não é importante. O ídolo das novas gerações é espontâneo, autêntico, original, inteligente e bem-humorado", descrevia a própria plataforma em março de 2016, no estudo "Youtubers fazem a cabeça dos jovens".

Das dez personalidades mais conhecidas entre adolescentes de 14 e 17 anos, cinco estavam no YouTube. Felipe Neto era o décimo entre os mais citados, atrás de Leon e Nilce (Coisa de Nerd), Kéfera Buchmann (5inco Minutos), Iberê Thenório (Manual do Mundo) e Felipe Castanhari (Canal Nostalgia). Havia claramente um novo tipo de consumidor na internet, ávido por conteúdo.

10
OLÁÁÁÁÁ, EU SOU FELIPE NETO!

No início da carreira, Felipe Neto priorizava temas polêmicos e críticas à postura de figuras públicas e influenciadores, ancorado em berros e palavrões. Ele manteve algumas dessas marcas: falar alto em tom de histeria e o bordão ensurdecedor "Oláááá" que abre seus vídeos no YouTube desde 2015. Mas optou por conteúdos mais leves, com foco nos fãs. Os esquetes do Não Faz Sentido, a partir dali, estavam próximos da aposentadoria.

No início de 2015, Felipe reunia 3,3 milhões de inscritos em seu canal e era o sétimo colocado na lista dos youtubers do país. Em meio às apresentações da peça, ele retomou a produção de conteúdo para a internet. As postagens iam ao ar religiosamente às terças e sextas-feiras, editadas com antecedência e apresentadas o mais cedo possível. A mudança do perfil se consolidou a partir de 2016, quando já somava cinco milhões de inscritos.

Felipe explicou a novidade em um de seus vídeos: "Durante

bastante tempo parecia que meu objetivo na internet era reclamar. Eu ficava buscando o tempo inteiro coisas para falar que me incomodavam, coisas pesadas, polêmicas. (...) No final das contas, cansei não apenas a mim, como cansei vocês. Eu sou um cara movido a paixão. Sou movido pelo que me dá alegria e felicidade. Sentia que estava contribuindo para ajudar as pessoas a serem mais críticas. E percebi que eu não estava mais contribuindo para isso. Eu só estava reclamando e sendo chato pra caralho".

O cansaço das polêmicas para justificar o perfil mais *light* em seus vídeos pode até fazer algum sentido, mas para os criadores de conteúdo Felipe Neto, na verdade, seguiu uma tendência na internet. Ele percebeu a disparada do sucesso de colegas mais ponderados, entre eles Whindersson Nunes, que se tornaria o número um nos canais de entretenimento no Brasil. De fato, Felipe raramente agia por impulso. Aquela mudança parecia muito bem planejada.

Em agosto de 2016, ele alcançou seis milhões de inscritos e, para celebrar a marca, fez um vídeo sobre sua vida: falou da mãe, da infância no Engenho Novo, das dificuldades, do sonho de atuar e do tino para empreender. E agradeceu aos seus fãs – algo que se tornaria recorrente desde então. Meses depois contou que, para "manter o tesão" no canal, a turnê da peça "Minha vida não faz sentido" seria encerrada. A última apresentação foi em 11 de setembro de 2016, em Limeira, após outras quatro no estado de São Paulo. "Estou ficando muito doente", disse em um vídeo de menos de quatro minutos, em referência às seguidas gripes e resfriados causados pelo cansaço físico e emocional.

A dedicação ao canal do YouTube fez com que algumas pessoas ganhassem importância na vida de Felipe naquele momento, entre eles o amigo Bruno Correa e a namorada Bruna Gomes. Nascida em Tubarão, Santa Catarina, Bruna é seis anos mais nova que Felipe. O casal se conheceu quando o youtuber ainda estava em seu relacionamento anterior, com Maddu Magalhães. Bruna, aliás, passou a ter participações em vídeos de Felipe, até criar em 2017 o seu próprio canal na plataforma – ela contava com 2,7 milhões de inscritos em abril de 2021.

Já Bruno Correa conhece os irmãos Neto desde a Paramaker. Fez de tudo um pouco na empresa, enquanto tentava a sorte com o seu próprio canal. Participou da equipe da TGS Brasil, perfil que cobria o mundo dos games. Deixou a companhia após a saída de Felipe. Até então, Bruno era mais ligado a Luccas e se aproximou do irmão mais velho quando assumiu a edição do perfil dele. Em abril de 2021, seu canal somava 7,2 milhões de inscritos.

* * *

Uma das principais estratégias de Felipe Neto em seu retorno ao YouTube foi trabalhar a imagem, impregnada de machismo e homofobia dos tempos do Não Faz Sentido. Ele postou uma gravação de oito minutos sobre "Como deixar de ser babaca", onde fez uma autocrítica e enumerou erros do passado: "O seu trabalho vai além do pedido de desculpas. O seu trabalho é reconhecer seu erro e pedir perdão, como eu já pedi inúmeras vezes às mulheres, aos gays e a todas as outras minorias que eu ataquei e falei merda ao longo da minha vida, principalmente quando era mais jovem. (...) Mas o principal é o que você vai fazer depois que pede desculpa. Você vai mudar o seu comportamento de fato ou vai continuar pensando e agindo daquela forma, apenas diminuindo para não sair na mídia?".

Em novembro de 2016, Felipe atingiu sete milhões de inscritos, número expressivo, mas ainda distante dos principais perfis do YouTube: o Porta dos Fundos liderava o ranking com 12,5 milhões, seguido pelos canais de Whindersson Nunes, com 12,1 milhões, Kéfera Buchmann, com 9,3 milhões, Júlio Cocielo, também com

9,3 milhões, e Parafernalha, com 8,4 milhões, vendido por Felipe no ano anterior.

Para celebrar a marca e honrar uma promessa, Felipe fez um vídeo que repercutiu um bocado. Meses antes, desafiara os seguidores a divulgarem o canal para ajudá-lo a alcançar os sete milhões de cadastrados antes do fim de 2016. Se atingisse a meta, ele recompensaria o esforço dos fãs mudando a cor do cabelo.

Dito e feito. Felipe pintou o cabelo de loiro platinado e desabafou no vídeo: "Tudo começou em outubro de 2015, quando percebi que a minha vida tinha atingido um momento em que eu não encontrava mais felicidade. Por mais que adorasse cuidar das minhas empresas e saber de tudo o que tinha construído, eu tinha abandonado completamente o meu canal. Foram dois anos sem levar a sério os meus conteúdos. A minha relevância na internet tinha se tornado uma coisa completamente descartável e eu estava muito longe de fazer o que eu mais amava: criar conteúdo, criar arte".

A partir daí, mudar a cor dos cabelos tornou-se uma espécie de compromisso com seus seguidores sempre que atingia uma determinada meta de inscritos no canal. O desafio durou até janeiro de 2019, quando chegou a 30 milhões e retomou a cor natural. Antes disso, tingiu-os de preto, enquanto esperava a raiz crescer. Em pouco mais de dois anos, foram ao todo 18 cores diferentes de cabelo.

As transformações no visual viraram negócio. Felipe criou duas linhas de produtos para cabelo: uma de sprays de fácil remoção e outra de tintas para mudar a cor das madeixas – ambas vendidas em edições limitadas, a partir de março de 2018. Os sprays podiam ser comprados nas cores amarelo, azul, laranja, verde e rosa. Já as tintas tinham três opções, todas em tonalidade neon: amarelo, verde e rosa. Nesta época, para festejar a marca de 20 milhões de seguidores, Felipe e sua equipe levaram ao ar dois vídeos usando os produtos. Em um deles, para exibir as tinturas, Luccas surgiu com os cabelos amarelos, Bruno, com rosa, e Felipe mesclou todas as cores.

* * *

Dos 40 vídeos mais vistos do canal de Felipe Neto até 2020, 39 foram produzidos a partir de 2016 – a exceção é o esquete do Não Faz Sentido sobre a saga "Crepúsculo". Um dado que reforça o crescimento após a mudança de seu discurso no YouTube foi o tempo que ele levou para ir de seis milhões a 30 milhões: apenas 125 semanas, incremento médio de 192 mil novos seguidores a cada sete dias. "Tudo o que aconteceu na minha vida nos últimos sete anos eu devo ao Não Faz Sentido. Tudo de maravilhoso e algumas coisas ruins também, mas não mudaria nada do meu passado. Quarenta e sete vídeos foram feitos e mais de 200 milhões de visualizações. Porém, tudo na vida tem começo, meio e fim. A minha vida é uma nova vida, vocês são uma nova audiência e esse canal é um novo canal", celebrou Felipe em sua conta no YouTube em março de 2017.

O último vídeo do Não Faz Sentido tinha sido postado meses antes, em outubro de 2016. Felipe falou sobre astrologia, tema que diz odiar. Segundo ele é pseudociência, sem qualquer valor: "O que mais me irrita é gente tentando justificar o seu defeito por causa de signo. Você não é ansiosa porque é de áries. Vá para um psicólogo tratar essa ansiedade", disse. Foi a última vez que Felipe usaria os óculos escuros e o cenário que marcaram o seu início no YouTube.

* * *

A retomada do papel de youtuber coincidiu com o segundo grande empreendimento de sua vida. Em 2017, foi anunciada a criação da Take4Content, empresa de produção de conteúdo para plataformas digitais e institucionais. Um dos negócios era o gerenciamento e a curadoria de vídeos no YouTube, atendendo a empresas e influenciadores, além da oferta de serviços de inteligência digital.

O empreendimento marcou o início da parceria de Felipe com João Pedro Paes Leme, que comandou o esporte da TV Globo e tinha larga experiência em jornalismo e entretenimento. Foi ele quem levara Felipe para o "Esporte espetacular" em 2011.

João Pedro começou a carreira em 1993, no "Jornal do Brasil". Foram três anos na editoria de esporte até ser convidado para a TV Globo. Jogador de vôlei na adolescência e botafoguense, ele cobriu cinco temporadas da Fórmula 1, Olimpíadas e a Copa de 2002, na Coreia do Sul e no Japão. Foi correspondente em Londres e Paris. Deixou a reportagem para assumir cargos de chefia e se tornou diretor de esportes da emissora. Ao todo, foram 20 anos na Globo.

Após sair da TV, João Pedro tirou um período sabático de dois meses nos Estados Unidos. Em Orlando, um amigo o apresentou aos fundadores da Fan Hero, empresa que desenvolvia aplicativos para marcas e celebridades. Os sócios tinham interesse em investir no Brasil e João Pedro avaliou que o mercado digital e o mundo dos influenciadores eram a bola da vez. Lembrou-se, então, de Felipe Neto. Marcaram de se encontrar e, logo nas primeiras conversas, concluíram que havia um espaço não explorado neste segmento: transformar influenciadores em plataformas de comunicação.

Foi assim que nasceu a Take4Content, que no início tinha três sócios: João Pedro, Cassiano Scarambone, dono da produtora de audiovisual Millagro, e Luccas Neto. Felipe ainda cumpria uma quarentena acordada com a multinacional francesa Webedia, que adquirira a Paramaker e da qual se desligara há menos de um ano. Na prática, porém, ele era o quarto dono da Take4 – daí o nome fazer referência a "quatro". A empresa já tinha contas importantes, entre elas a Fetranspor, a Federação das Empresas de Transporte de Passageiros do Estado do Rio, do portfólio de Scarambone.

A Take4Content, porém, não teve envolvimento na produção dos vídeos do perfil de Felipe no YouTube, embora cuidasse de sua divulgação. Os irmãos Neto, aliás, pouco participavam do dia a dia da nova *digitaltech*. No entanto, nos contatos frequentes, João Pedro começou a orientar e dar conselhos para Felipe.

Profissional discreto, respeitado, dono de uma rara capacidade de ler, entender e responder às demandas do mercado, João Pedro era o parceiro perfeito para Felipe. Como jornalista, também conhecia bem a produção de conteúdo. O youtuber passou a adotar uma postura mais moderada em seus vídeos, com menos palavrões. "O Felipe é muito inteligente, mas tinha colado sua imagem à daquele cara ranzinza. Não sabemos se este foi um grande erro ou acerto, mas fomos em outra direção", contou João Pedro em entrevista ao site Draft, em 2017. "Vemos influenciadores que foram pioneiros há alguns anos, mas agora não conseguem se reinventar porque ficaram reféns das mesmas polêmicas. Para o Felipe, foi libertador fazer essa transição", completou.

A missão da empresa, no início, foi a de promover o canal de Felipe em sites, televisão, jornais e revistas. Ele participava com frequência de programas de entrevistas para comunicar que voltara a apostar em vídeos. O resultado não foi imediato: no início de 2017, seu canal era o décimo entre os mais assistidos do país. Segundo o estudo YouTube Insights daquele ano, 98 milhões de brasileiros acessavam mensalmente a plataforma: 96% dos jovens entre 18 e 35 anos de forma frequente – e metade desse público interagia, avaliando se gostava ou não dos vídeos.

Os dados reforçavam a importância da plataforma para o público mais novo, com grande interesse por conteúdo, principalmente o de entretenimento. A nova geração não se prendia à televisão ou ao cinema para consumir audiovisual. Bastava ter um celular com acesso à internet para assistir a um vídeo. E a família Neto estava pronta para oferecer um cardápio de opções ao público.

11
LUCCAS, MAS PODE CHAMAR DE XUXA

Antes de abordar o crescimento exponencial de Felipe Neto e de seu canal, cabe um alentado parêntese sobre a trajetória de Luccas Neto. A ideia de atuar como youtuber surgiu em julho de 2014, data da criação de seu perfil na plataforma, motivada pelo sucesso de Felipe. Luccas ajudava o irmão antes de lançar seu próprio canal, além de ter trabalhado na área de marketing da Paramaker. Não era, portanto, alguém que decidira de uma hora para outra se tornar youtuber.

Ele seguiria o formato criado por Felipe no Não Faz Sentido, com vídeos críticos a figuras públicas e outros youtubers, carregados de xingamentos e preconceitos. Parecia um conteúdo adicional ao do irmão, espécie de bônus. No fundo, era uma tentativa de surfar na base de fãs de Felipe.

O nome do canal, Hater Sincero, era sugestivo e teve sucesso entre 2015 e 2016. Foram quase dois anos assumindo uma persona semelhante à que tornou o irmão famoso. Nas críticas aos trabalhos alheios, Luccas mirou, entre outros, os donos dos canais Viih Tube e MixReynold, ambos com milhões de seguidores. Os motivos iam desde as produções de pouca qualidade, na visão de Luccas, a questões do passado envolvendo o Parafernalha e a Paramaker. Também desancava o público infantil, um dos seus alvos, que segundo ele era formado por gente "burra" e "retardada" em razão do que consumia na internet.

No início de 2016, Luccas postou "Um recado para Viih Tube e seus fãs". Viih Tube é o codinome de Vitória Felício Moraes, que tinha 16 anos e tornara-se fenômeno na internet por conta dos seus vídeos sobre o cotidiano dos adolescentes – em 2021, ela viria a participar do "Big Brother Brasil". Luccas carregou 13 minutos de conteúdo com críticas e impropérios à garota. Usou frases do tipo "Viih Tube é a maior mentira da internet" e "quer dizer que a fedelha é conhecida como Viih Red Tube?", em referência ao site de conteúdo adulto RedTube. "Vocês sabem dessa história que ela apareceu num snap com a mão no pau do namoradinho?" e "Red Tube meu cu pra você".

As ofensas não ficaram impunes. A mãe de Vitória recorreu ao Tribunal de Justiça de São Paulo para retirar do ar o vídeo e outros conteúdos com referências à filha menor de idade. Ao menos três títulos do canal de Luccas foram excluídos. Após quatro anos de batalha judicial, Luccas foi condenado a pagar cerca de R$ 40 mil à família da jovem, por danos morais.

* * *

Coincidência ou não, a virada no destino de Luccas ocorreria quatro meses depois do festival de ofensas. Ele apostou no público que antes criticava: crianças e pré-adolescentes de até 13 anos, carentes de conteúdo na TV. Para a mudança, Luccas contou com sua experiência de analista de tendências no YouTube. O período no marketing da Paramaker lhe rendeu um bom conhecimento de métricas e análise de performance.

Em setembro de 2016, o público infantil no Brasil foi responsável por 52 bilhões de visualizações no YouTube, segundo dados da pesquisa Geração YouTube, feita pelo ESPM Media Lab. A quantidade de *plays* aumentara em 20 bilhões se comparada a outubro de 2015, e boa parte da audiência estava concentrada em um número limitado de canais, caso da Galinha Pintadinha, que até abril de 2021 totalizava mais de 26 milhões de inscritos.

Eram o público e o mercado adequados a Luccas, até porque quem o conhece de perto assegura com todas as letras: o Luccas dos vídeos é o Luccas da vida real. Não há encenação. Ele colocou nas telas do celular e do computador o que, de fato, o atrai: personagens de desenhos animados, aventuras em terras encantadas e brincadeiras bizarras.

– Luccas começou a trabalhar muito e sua vida mudou. Ele é um homem normal, mas se dedica a coisas com que os adultos não perdem tempo: viver em um mundo encantado, da Disney e tudo o mais. Hoje, aquilo não é só persona, faz parte dele – diz um ex-funcionário.

Os primeiros meses de produção para o público infantil já apontaram o sucesso. Luccas adotou uma fala mais lenta, mas com um volume alto, vogais bem articuladas, frases curtas e diretas. Os finais das orações vinham sempre acompanhados de expressões de alegria. Ele passou a imitar focas em seus vídeos, batendo as mãos repetidamente e fazendo onomatopeias. Seus fãs, aliás, são conhecidos como focas.

Faltou, porém, uma curadoria específica para o público infantil. Luccas abusou, por exemplo, de vídeos com misturas de guloseimas, que poderiam estimular uma alimentação nada saudável. Um deles juntava diferentes biscoitos recheados, que ele amassou e uniu, transformando-os num só. O tamanho ficou semelhante ao de uma bola de tênis.

Em outro vídeo, Luccas preparou na cozinha da sua casa um sanduíche gigante inspirado no Big Mac, do McDonalds, com um peso total de 8,4 quilos. Ele aparecia comendo fatias inteiras de queijo cheddar e fartas colheradas do molho da receita original. Sobraram caretas e comentários nada elogiosos aos picles e à cebola. O hambúrguer tinha mais de um palmo de altura. "Gente, mostrem esse vídeo aos pais de vocês e peçam para eles um Bic Mac gigante. Falem para eles que vocês querem comer na janta dividindo entre todo mundo", propôs Luccas, com o rosto todo lambuzado das mordidas no imenso sanduíche: "O que aprendemos com o vídeo de hoje? Que eu já posso trabalhar no McDonalds!".

No início de 2017 ocorreria o marco da sua trajetória como youtuber: ele comprou 80 quilos do creme de avelã Nutella para encher a banheira de sua casa. Queria mostrar ser possível tomar um banho de Nutella. O conteúdo apresentava um vocabulário inadequado para crianças. Antes, durante e depois de se esbaldar no meio do chocolate, Luccas pontuava as falas com palavrões do tipo "foda", "vai dar merda" e "pau no cu deles". "O meu objetivo aqui no canal é me divertir e divertir vocês. Nem que para isso eu tenha que gastar R$ 50 milhões numa banheira de Nutella. E eu também tenho muita curiosidade para saber como é a sensação de dar um mergulho numa banheira de Nutella. Quem não tem essa curiosidade, né? Até os *haters* devem querer mergulhar numa banheira de Nutella. Então, Nutella no cu dos *haters*", disse o youtuber no início do vídeo.

Luccas se gabava, à época, de ter dois milhões de seguidores e sua meta era chegar a cinco até o fim de 2017. Ele comandava o terceiro perfil de entretenimento a ganhar mais inscritos no YouTube, com 553 mil novos seguidores em janeiro daquele ano. Perdera apenas para o irmão (657 mil) e para Whindersson Nunes (1,02 milhão).

O vídeo "A banheira de Nutella" contribuiu para os resultados: uma enxurrada de inscritos, mas também de muitas críticas, a maior parte delas pela postura pouco madura de um marmanjo de 25 anos e de quase 1,80m se exibir numa banheira de chocolate, valendo-se de tom apelativo. Isso sem contar as cobranças de pais por fazer indicações nada recomendáveis aos filhos, entre elas estimular o consumo excessivo de açúcar.

"Eu sempre tive o sonho de entrar em uma piscina de chocolate porque eu era apaixonado pelo filme 'A fantástica fábrica de chocolate'. A gente usava o entretenimento como entretenimento, não tinha como trabalhar a parte educacional", justificou Luccas à "Folha de S. Paulo", em maio de 2019.

O youtuber também foi acusado de adotar uma linha consumista. Exemplos disso são os vídeos "Comprei R$ 500 de brinquedos nos Estados Unidos" e outro feito nos corredores da loja de departamento Walmart, a multinacional norte-americana, na Flórida. Alguns dos títulos criticados ele manteve em seu canal. Muitos, porém, foram deletados, caso do vídeo em que aparece lambuzado de Nutella. Segundo Luccas, a retirada se deu em função do "viés distorcido" atribuído a ele.

A partir de meados de 2017, Luccas adequou o conteúdo do canal à idade de sua audiência. Os vídeos não teriam classificação indicativa, até porque seriam integralmente voltados para o público "kids", que engloba crianças de até 12 anos. Os meses iniciais serviram para profissionalizar o canal, que passou a contar com a supervisão de psicólogos e pedagogos. "O meu canal está totalmente reformulado e focado em conteúdos educacionais e sociais para crianças e pais", disse Luccas ao jornal "O Globo", em maio de 2018.

Para começar, adotou o nome de Luccas Toon no YouTube e excluiu quase cem vídeos, abrindo mão de dois bilhões de visualizações. Ele desenvolveu um senso para negócios que o levou a explorar todo o leque de segmentos do mercado infantil. Desde

2018, produziu especiais para o cinema e plataformas de *streaming*, como a Netflix. Também fez turnês com três peças, gravou cinco discos de músicas próprias, lançou uma linha de produtos licenciados – bonecos, camisetas e brinquedos – e, por fim, publicou cinco livros que figuraram por dezenas de semanas entre os mais vendidos do país no segmento infanto-juvenil. Um deles, "As aventuras na Netoland com Luccas Neto", pela Ediouro, vendeu 55 mil exemplares somente na pré-venda. No Brasil, dez mil livros já chancelam um título como best-seller.

Os filmes são fenômenos de público. Luccas tem o hábito de desenvolver roteiros para produções simultâneas e as gravações se dão em tempo recorde. Seus olhos brilham quando é comparado a Xuxa Meneghel, a Rainha dos Baixinhos. Ela produziu um império a partir de programas de auditório líderes de audiência e longas-metragens com bilheterias arrebatadoras. Em suas histórias, seja na internet ou em filmes, Luccas interage com atores mirins e adultos. O youtuber assina algumas séries de longas famosos entre as crianças, caso de "Acampamento de férias", já com três sequências. A mais recente, divulgada em janeiro de 2021, apresenta o acampamento "Rox Teen", onde acontecem gincanas.

* * *

Esporádicos episódios de desentendimento marcaram o relacionamento entre os irmãos, mas foram jogados para escanteio. Felipe revelou em um vídeo que "deu um gelo" em Luccas por cerca de quatro meses após uma briga no Natal de 2015, sem explicar o motivo. Disse apenas que um quadro criado pelo caçula ainda no tempo do Hater Sincero teria provocado o afastamento entre eles. "Foi uma briga, gente. Acontece. Irmãos brigam, tá? Pode acontecer com qualquer um. O Luccas estava passando por um momento difícil, conturbado, e aí ele fez 'caca'. E eu rebati. A gente brigou e ficou sem se falar por um tempão. Acontece nas melhores famílias", disse Felipe, ao lembrar o caso em agosto de 2018.

Os irmãos, principalmente a partir da criação em 2017 do Canal IN (abreviação de Irmãos Neto), sempre deixaram transparecer uma relação de admiração mútua. Ao focarem exclusivamente no YouTube, construíram uma espécie de fortaleza contra ataques: quando o mais velho era criticado, Luccas saía em seu apoio, enquanto Felipe reagia a deboches e ofensivas contra o caçula e seu estilo infantilizado.

12
A TERRA
DOS NETO

A criação do Canal IN, um perfil exclusivo do YouTube reunindo os irmãos Neto, mostrou-se uma estratégia afiada. Já sob a curadoria da Take4Content, teve o primeiro vídeo postado em 31 de julho de 2017. Foi a apresentação do canal, com Felipe e seu estilo mais irônico, e Luccas falando alto e se jogando no sofá. A meta era lançar vídeos para todas as idades e atrair seguidores de ambos. Àquela altura, Felipe acumulava mais de dez milhões de inscritos em seu perfil voltado para adolescentes e adultos, enquanto Luccas consolidava a sua relação com o público infantil – entre janeiro e dezembro de 2017, o canal do caçula saltou de 1,5 milhão de inscritos para 10,6 milhões, um crescimento superior a 600%.

Assim como os fãs de Luccas são chamados de focas, os de Felipe também têm apelido desde 2016: corujas. A origem foi explicada numa gravação com a atriz e influenciadora Giovanna Ewbank, em 2018: ao exibir seu almoço num vídeo, o youtuber se confundiu e trocou "tomate-cereja" por "tomate-coruja". O episódio virou piada na internet e desde então ele chama os fãs de corujas.

Na estreia do canal, Luccas e Felipe lançaram um desafio aos focas e corujas para que os ajudassem a alcançar um milhão de inscritos no menor tempo possível. Em contrapartida, eles homenageariam um ao outro com uma tatuagem. Em 24 horas, a meta foi batida, recorde histórico no YouTube mundial. Dias depois, em 8 de agosto, eles promoveram uma live para apresentar a nova casa que dividiam e alcançaram outro recorde: 316 mil acompanharam os irmãos na transmissão ao vivo.

Para cumprir a promessa, os dois gravaram um vídeo em que Felipe faz um desenho na pele do irmão e Luccas, na de Felipe. Eles garantem que não houve ajuda na produção e o resultado foi, digamos, aceitável. No fim das tatuagens, o mais velho tinha dois bonecos no braço direito, daqueles tipo palitos, um mais alto que o outro, em referência à parceria. Já o caçula passou a estampar no braço esquerdo uma casa, para celebrar o lugar onde iriam morar.

Os irmãos contariam mais tarde que, até então, Luccas sabia apenas que dividiria com Felipe um apartamento escolhido pelo mais velho, como ambos estavam planejando. Antes de voltar a morar sob o mesmo teto, cada um tinha o seu endereço. Luccas vivia em um apartamento no Recreio dos Bandeirantes, na Zona Oeste do Rio, e o irmão, num bem equipado imóvel na Avenida Rui Barbosa, na Praia do Flamengo, Zona Sul da cidade, para onde se mudara em 2015.

Felipe escolheu para essa nova fase uma mansão na Barra da Tijuca, e não um apartamento. Os três primeiros vídeos do Canal IN exploravam a nova residência e a surpresa feita ao caçula. Nascia ali a Netoland, mesclando o sobrenome dos irmãos com a palavra *land*, que em inglês significa terra. Seria, portanto, "A Terra dos Neto". "Tudo aqui é temporário, provisório. A gente vai transformar essa casa numa verdadeira casa de construção de vídeos para o YouTube. Vai ser histórico. Vocês vão participar de todos esses momentos. Quero que estejam com a gente em todas as etapas dessa casa nova, dessa nova fase da nossa vida", disse Felipe ao apresentar a terra encantada da família.

A mansão – onde Felipe mora até hoje – tem quatro andares, com seis quartos, oito banheiros, piscina, sauna, sala de cinema para uma dúzia de pessoas e elevador. Fica num condomínio de luxo, o Quintas do Rio, com quadra de basquete, tênis, campo de futebol, estacionamento rotativo, academia e segurança reforçada. São três vias principais, todas arborizadas, cercadas por casas belíssimas. Imóveis ali chegam a custar mais de R$ 10 milhões. Em um vídeo, Felipe contou que entre os seus vizinhos havia um réu da Operação Lava Jato, a investigação sobre corrupção liderada pela Polícia Federal e procuradores de Curitiba. O morador, segundo ele, encontrava-se em prisão domiciliar e usava tornozeleira eletrônica.

Segundo consta no 9º Cartório de Registro de Imóveis do Rio, a casa foi construída em 2015 pelos proprietários anteriores a Felipe e Luccas. A regularização junto à Prefeitura do Rio ocorreu em outubro e o valor base era de R$ 1.127.152,21, à época. A escritura de compra e venda firmada pelos irmãos foi finalizada em outubro de 2018, quando eles já ocupavam a mansão há mais de um ano. O documento registra que os youtubers pagaram R$ 5,5 milhões pela propriedade.

* * *

O convívio diário foi fundamental para o incremento da carreira de ambos. Quem clicasse num vídeo no canal de Luccas poderia ter a indicação de uma peça feita no Canal IN, que, por sua vez, remeteria a um vídeo de Felipe, num ciclo virtuoso: siga a família Neto e tenha diversas formas de entretenimento.

Em outubro de 2017, o Canal IN tinha quatro milhões de inscritos, marca alcançada apenas dois meses após sua criação. O produto era baseado em três alicerces: vídeos com brincadeiras e desafios na Netoland, aventuras na mansão e histórias da dupla. Títulos como "50 curiosidades sobre os irmãos Neto" ou "Quem é mais inteligente dos irmãos Neto?" movimentavam o novo canal. Eles também indicavam ambientes no Youtube de amigos, entre eles os da namorada de Felipe, Bruna, e de Bruno Correa.

Os acordos comerciais envolvendo os irmãos se multiplicaram. Foram procurados por Luiza Trajano, dona da Magazine Luiza, rede de varejo com lojas em todo o país e uma potência na internet. Havia interesse em parcerias e pesou no desfecho positivo do contrato uma espectadora especial: a neta de Luiza, fã da dupla. Foi a menina que convenceu a avó a conversar com os youtubers cariocas.

Mas nem tudo eram flores. Felipe e Luccas enfrentaram denúncias feitas ao Conselho Nacional de Autorregulação Publicitária. De janeiro de 2017 a agosto de 2020, os irmãos tiveram oito produções na mira do Conar e sofreram punições. Uma delas foi o "Desafio Felipe Neto Vs. Luccas Neto (Na Netoland)", de fevereiro de 2018. Houve denúncias de consumidores de seis estados em decorrência de um sorteio, vinculado à Loteria Federal, que levaria fãs à mansão da dupla, no Rio, e à Disney. As crianças tinham que fazer ligações telefônicas para concorrer ao prêmio. Quanto mais discagens, mais chances de ganhar – o valor de R$ 5,92 por cada ligação, na avaliação do Conar, era abusivo. O vídeo da promoção foi tirado do ar. Independentemente dos puxões de orelha, o trabalho dos irmãos seguia firme e cada vez mais forte.

* * *

A importância da mansão para o crescimento dos canais relacionados à família fica clara ao se analisar a audiência. O canal Felipe Neto, por exemplo, praticamente dobrou de tamanho de agosto de 2017 a julho de 2018: ganhou quase 11 milhões de novos fãs, totalizando 23,6 milhões de inscritos. Foi nesse período que ele produziu seu vídeo de maior sucesso: "Rebuliço", postado em 10 de novembro de 2017, que já somava mais de 72 milhões de visualizações em abril de 2021. São quatro minutos e 15 segundos em que Felipe aparece cantando uma paródia de "Despacito", do cantor e ator porto-riquenho Luis Fonsi, lançada em janeiro daquele ano com estrondoso sucesso no Brasil. A gravação na mansão teve as participações do funkeiro Kevinho e da youtuber Dani Russo.

Canal Felipe Neto virou diversão
Não precisa de treta ou confusão
Sim, os haters tentam jogar contra e falar mal
Mas o amor tomou conta do canal
Tem vídeo todo dia pra te divertir
Tem lives maneiras pra gente curtir
E bater os recordes do YouTube
Oh yeah
Tem reacts de músicas sensacionais
O tente não rir é engraçado demais
E sempre meus cabelos muito coloridos

Esse trecho da paródia dá uma pista do que se tornaria o trabalho de Felipe a partir de 2016, quando voltou a focar em seu canal. Ele percebeu o interesse crescente em formatos como os *reacts* (reações, em português), em que filmava suas expressões e comentários espontâneos enquanto assistia a gravações do que bombava na internet. Seu segundo vídeo mais visto, aliás, mostra sua reação ao acompanhar um trote feito pelo irmão, que sujou de chocolate o seu quarto inteiro. A brincadeira, com 15 minutos e 25 segundos de duração, já superou as 44 milhões de visualizações até abril de 2021.

Felipe também recheou seu canal com desafios que envolviam desde provar comidas e bebidas azedas a abrir R$ 1.100 em ovos de páscoa. Seguia ainda contando curiosidades e revelando novidades do paraíso em que a família morava. Alguns meses após a mudança para a Netoland, no início de 2018, ele apresentou seu novo brinquedo: um BMW X6, carro esportivo fabricado na Alemanha, cuja versão mais simples custava na época R$ 310 mil.

Luccas morou com o irmão na Netoland até o fim de 2020. Muitos fãs, porém, garantem que ele se mudou ainda em 2018. De fato, o caçula já usava outro imóvel no Rio, mas para as gravações do seu canal. A casa, também num condomínio da Zona Oeste, tinha uma estrutura digna de uma estrela do mundo digital, com piscina e campo de futebol. Boa parte dos mais de seis quartos do imóvel, no entanto, era ocupada por itens usados nos vídeos, como figurinos e adereços.

Na Netoland, Luccas ficava numa espécie de apartamento no pavimento superior, com cozinha própria, sala de vídeo e jacuzzi na varanda do quarto, cujas paredes eram decoradas com imagens de desenhos animados. Em 2020, aí sim, ele partiu para um endereço próprio num condomínio na Barra da Tijuca, tão luxuoso quanto o da Netoland, com pista de boliche e cinema. Mudou-se quando soube que seria pai pela primeira vez. Seu filho, Luke, da relação com a atriz gaúcha Jéssica Diehl, nasceu em 13 de novembro daquele ano. O casal se conheceu quando Jéssica passou a integrar o elenco do canal de Luccas no YouTube – o relacionamento veio a público em dezembro de 2018, meses após o caçula da família Neto romper com Thayane Lima, com quem namorou por sete anos.

Com Luccas em novo endereço, moravam na Netolândia no fim de 2020 Felipe, a namorada Bruna e seus três cachorros, Pulga, Depp e Jinx. Os anos lado a lado tornaram o casal bem afinado, mas houve desencontros e a relação chegou a ser interrompida entre maio de 2016 e fevereiro de 2017, antes de o namoro engatar de vez – o youtuber conta que tinha medo de compromissos sérios e alguma insegurança em função de relacionamentos anteriores. Os dois dizem que não são ciumentos. Ela é assumidamente mais preguiçosa e ele, mais desleixado com a aparência. Ambos curtem reunir os amigos em casa, equipada com dezenas de jogos de tabuleiro.

Nos vídeos percebem-se mudanças claras na mansão desde que foi ocupada pela família. Há corujas por todos os lados. No escritório do terceiro andar, Felipe mantém sua coleção de bonecos de filmes e de desenhos animados. Há dezenas deles na estante logo na entrada do cômodo, onde também estão expostos prêmios e homenagens. Numa mesinha de centro, ao lado da sua estação de trabalho, ele mantém a caneta Dupont de uma edição limitada em referência ao livro "Assassinato no Expresso do Oriente", de Agatha Christie, pela qual pagou R$ 10 mil. "Desculpa, eu amo demais o livro e amo demais canetas e sou imbecil. Em minha defesa, eu uso canetas TODO SANTO DIA! Eu escrevo o tempo todo. Curiosamente, a q está na caixa é uma Mont Blanc q ganhei de presente. A Dupont tá em cima da minha mesa", disse no Twitter.

O destaque do ambiente é o computador comprado em junho de 2020, um Apple Mac Pro, recomendado a quem trabalha com produção de vídeos. O equipamento virou assunto na internet: no site do fabricante o modelo custava R$ 182 mil. "Foi caro demais o computador, de fato. Era um sonho de consumo meu, gastei mais do que deveria, mas foi um presente que eu me dei. Sinto muito que isso te ofenda. Eu considero que o dinheiro que está na minha conta pertence a mim, então posso gastar com coisas que eu gosto", desabafou, após a breve polêmica.

Felipe não esconde algumas extravagâncias. Quando um fã perguntou no Instagram o que tem em sua casa que ninguém mais teria, ele entrou no banheiro e exibiu um chuveiro com hidromassagem vertical, conexão *bluetooth* e controle digital. Entre outros luxos, típicos de artistas pop, há também uma grande mesa de pôquer e uma outra, de sinuca, toda branca. A Netoland espelha a personalidade de Felipe. Foi ali que ele mudou de patamar na carreira, alcançando com seus vídeos a profissionalização que os youtubers perseguem.

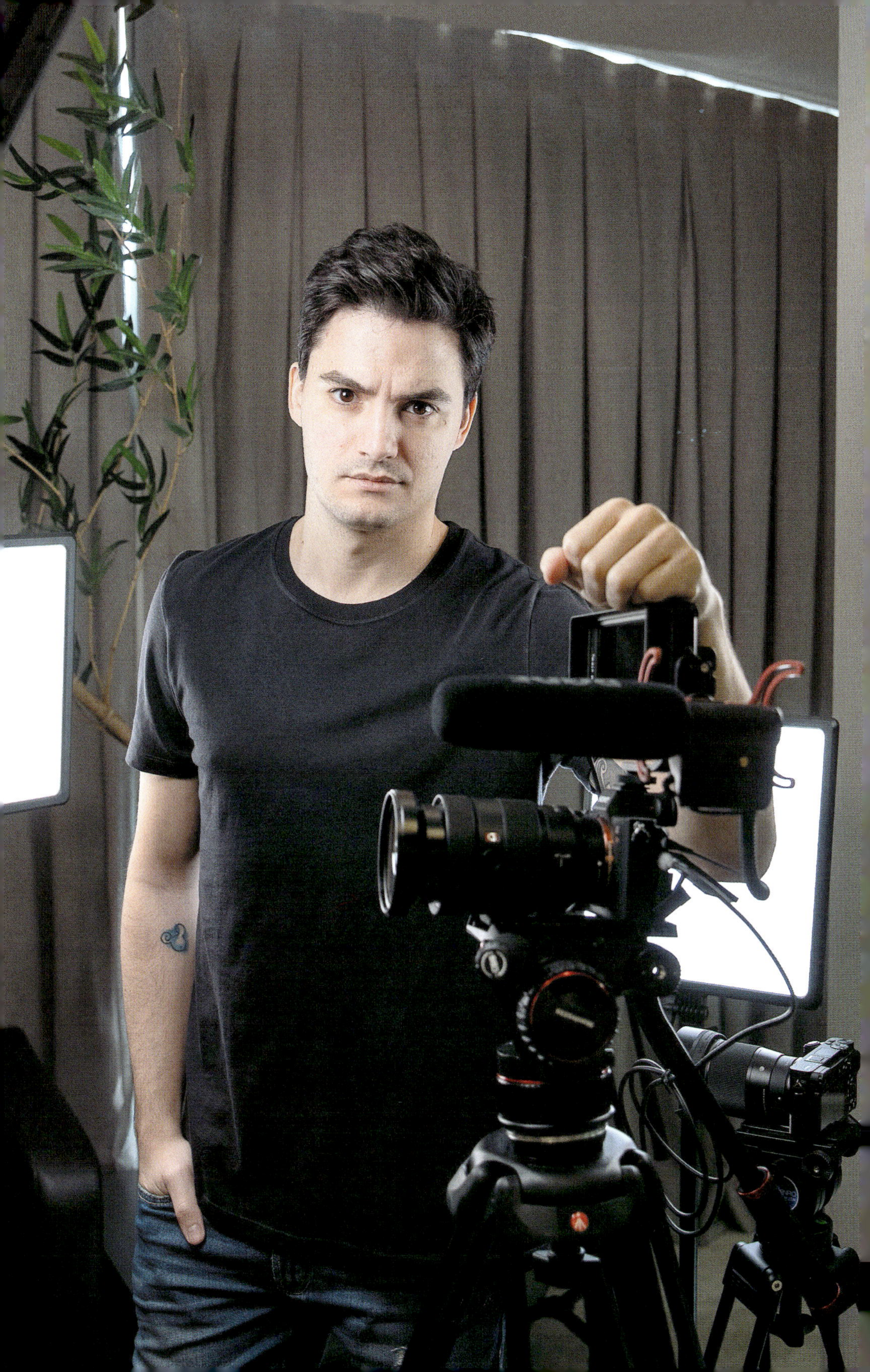

INFÂNCIA E COLÉGIO

Bons tempos *Felipe bebê brinca de desenhar; ao lado, tira onda com óculos escuros; e numa tarde no cinema com os amigos Raphael, Nathy, Laís e Paula, da 4ª série do Metropolitano*

Metropolitano À esquerda, Felipe, conhecido no colégio como Neto, canta com Nathy no musical "Grease"; acima, cercado pelas colegas Helô, Laís, Lica e Nathy; e na sala de aula, brincando de trocar os nomes

FAMÍLIA

Celebração
Cena de um típico Natal da família Neto, que Felipe não abre mão de ter sempre por perto: com a mãe, Rosa, a avó Maria e o irmão, Luccas

A avó
Na cozinha com Dona Maria, nos tempos em que moravam no Engenho Novo, no subúrbio do Rio

Parceira Bruna e Felipe estão juntos desde 2017. Abaixo, o casal com Pulga, um dos três cachorros da Netoland

Cercado de carinho
Acima, com o pai, Alexandre; ao lado, com a mãe, Rosa, que cuida das finanças do filho

FELIPE NETO O INFLUENCIADOR

101

O IRMÃO LUCCAS

Unha e carne
Luccas e Felipe sempre defendem um ao outro dos ataques que sofrem na internet. No alto, quando eram crianças e no dia em que voltaram à casa onde moraram no Engenho Novo, já como youtubers

Dois tempos *Luccas no célebre vídeo da banheira de Nutella, alvo de duras críticas em 2017, e, no alto, em nova fase, numa cena do filme "Acampamento de férias 3", de 2021*

FELIPE NETO O INFLUENCIADOR

PARAFERNALHA

TIPOS DE PORTEIRO

Primórdios
Felipe Neto em sua mesa na sede da Parafernalha; ao lado, um vídeo do canal estrelado por Rafael Portugal, que mais tarde se mudaria para o Porta dos Fundos

Voo internacional Com o amigo Lourenço em Los Angeles, onde fecharam uma parceria com a Maker Studios, e num evento em 2014, já à frente da Paramaker

Pioneiro Em 2012, com a turma do Parafernalha, o primeiro canal de humor no YouTube brasileiro: desde então Felipe coleciona recordes de audiência e também polêmicas

TELEVISÃO

"Até que faz sentido" *Cena da segunda temporada do programa do Multishow: estreia na TV teve repercussão menor do que na internet*

Prêmio Multishow 2016 *Felipe participou da cobertura ao lado de Gominho, Whindersson Nunes e Maurício Meirelles*

Rede Globo *Numa cena de boxe e imitando Loco Abreu no "Esporte espetacular", em 2011: início da parceria com João Pedro Paes Leme, de quem se tornaria sócio*

Wise Up *Felipe brinca durante as gravações do comercial que juntou Fábio Porchat, Fiuk, com quem teve um dos embates mais emblemáticos da carreira, e Rodrigo Santoro*

BOTAFOGO

Paixão alvinegra O dia em que Felipe vestiu a camisa do Botafogo para um jogo festivo no Engenhão: ele já abandonou a própria comemoração de aniversário para assistir a uma partida do time contra a Cabofriense

Patrocínio
Com a camisa de 2017, que trazia o rosto dos irmãos Neto e o nome da franquia de coxinhas; e abaixo, à esquerda, num registro de amor pelo Botafogo desde criança

Vaquinha *Felipe na coletiva que anunciou Aguirre como reforço em 2018: ele ajudou o clube na contratação do atacante uruguaio*

NETOLAND

Dois luxos
Com Luccas, na frente da mansão na Barra da Tijuca, no Rio, e com o BMW X6, que comprou em 2018

Estilo revista "Caras" *Felipe sai pouco de casa, para onde se mudou em 2017: são quatro andares, com seis quartos, piscina, sauna, sala de cinema e elevador*

OUTROS NEGÓCIOS

Mentor *Ex-executivo da Globo, o jornalista e empresário João Pedro Paes Leme é sócio de Felipe na Play9: a parceria dos dois coincide com a virada na carreira do youtuber*

Grife oficial
Posando para sua loja on-line, onde vende camisas, moletons, roupas de bebê, pôsteres...

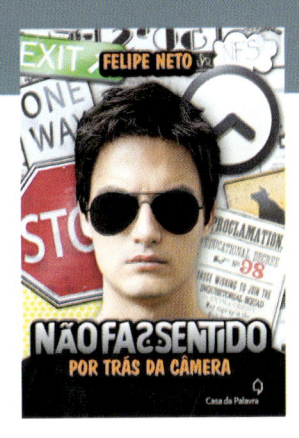

Fast-food *Propaganda da franquia de coxinhas, da qual os irmãos se desfizeram após Felipe se tornar vegetariano*

Best-sellers
Livros lançados em 2013, 2017 e 2018: Felipe virou nome recorrente nas listas de mais vendidos

Teatro *Na peça "Minha vida não faz sentido" ele "contracenava" com seu personagem mais famoso*

FELIPE NETO O INFLUENCIADOR

MOMENTOS MARCANTES

TIME 100

THE 100 MOST INFLUENTIAL PEOPLE IN THE WORLD

Dias de glória *Em 2020, eleito pela prestigiada revista "Time" uma das cem pessoas mais influentes do mundo; o outro brasileiro na lista foi o presidente Jair Bolsonaro*

Contra a censura
Na Bienal do Livro de 2019, Felipe comprou 14 mil títulos com temática LGBT e os distribuiu em sacos lacrados, num protesto contra o prefeito do Rio Marcelo Crivella

FELIPE NETO O INFLUENCIADOR

Em Harvard
Durante a temporada que passou na célebre universidade norte-americana, onde fez um curso com um seleto grupo de executivos empreendedores

Prestígio e polêmica
Acima, na entrevista para o programa "Roda viva"; ao lado, no polêmico debate no gabinete do pastor Marco Feliciano, crítico voraz das causas LGBT e desafeto de Felipe

FELIPE X JAIR

OPINION

Editorial
Capa e uma imagem do vídeo que gravou a convite do jornal "The New York Times": críticas a Bolsonaro e comparação com Trump

FELIPE NETO O INFLUENCIADOR

Mundo real *Em julho de 2020, em entrevista ao "Jornal Nacional", um dia depois de ataques feitos por apoiadores do presidente Bolsonaro em frente a sua casa (abaixo à esquerda)*

Twitter poderoso
Em março de 2021, viralizou o post em que Felipe atribuiu ao presidente as 300 mil mortes por Covid até aquela data

FELIPE NETO O INFLUENCIADOR   117

CAPAS DO CANAL NO YOUTUBE

Agosto de 2010: *o início do canal, ainda com 240 mil seguidores*

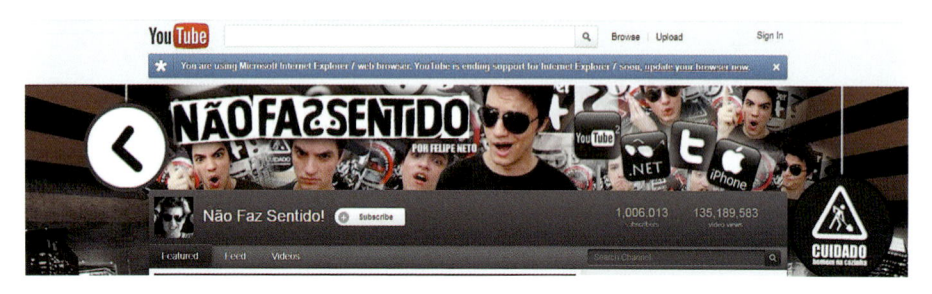

Agosto de 2012: *1 milhão de seguidores*

Março de 2016: *5 milhões de seguidores*

Agosto de 2016: *6 milhões de seguidores*

Novembro de 2017: *16 milhões de seguidores*

Abril de 2018: *20 milhões de seguidores*

Outubro de 2018: *26 milhões de seguidores*

Maio de 2021: *42 milhões de seguidores*

FELIPE NETO O INFLUENCIADOR

VÍDEOS FAMOSOS

Live Lançamento do aplicativo em 2017

Aviso aos fãs Mudança no perfil do canal

Desafio Cabelos com nova cor a cada meta

Dito e feito Madeixas platinadas em 2016

Política Ataques a Lula e Dilma em 2015

Mais visto Paródia da música "Despacito"

Passado Visita à casa no Engenho Novo

Focas e corujas Homenagem aos fãs

13
ENTRE TAPAS
E BEIJOS

Quem é apresentado a Felipe Neto pelos trabalhos recentes pode ter a falsa impressão de que sua relação com o YouTube é um mar de rosas. Desde o Não Faz Sentido, ele se refere à plataforma como uma de suas paixões, o que é natural: muito do seu sucesso se deve ao compartilhamento de vídeos. Porém, ele viveu momentos tensos e buscou alternativas para não depender de decisões dos executivos norte-americanos.

O primeiro embate foi no fim de 2016, momento em que Felipe pensava 24 horas por dia em maneiras de turbinar o canal. Postou um desabafo de 12 minutos, em inglês, com críticas sobre a implantação de um mecanismo para indicação de vídeos. Dirigindo-se aos gestores da plataforma, ele reclamou que, apesar de ter milhões de inscritos, suas peças não eram automaticamente apresentadas aos fãs; os seguidores demoravam horas, às vezes dias, para receber notificações sobre atualizações do perfil. Segundo ele, havia uma espécie de "sistema" implantado para privilegiar determinados canais em detrimento de outros. "Tudo é uma questão de poder. É tudo uma questão de controle. O YouTube quer controlar o que você está assistindo. E o YouTube quer o poder de promover vídeos e de fazer esses vídeos terem mais visualizações", protestou.

Cada fã cadastrado faz muita diferença. Uma das políticas básicas do YouTube é a de apresentar, logo em sua tela inicial, os vídeos produzidos pelos canais prediletos de quem acessa a plataforma. Caso o de Felipe Neto fosse um deles, naturalmente uma ou outra peça seria imediatamente sugerida para ser clicada, o que, segundo ele, não ocorria. Felipe avaliava que seu crescimento estava nas mãos de engenheiros sem muita noção do trabalho que dava levar ao ar um vídeo de entretenimento. Queria, de alguma forma, fidelizar sua audiência sem intermediação do YouTube ou de qualquer outro site.

Assim, ao longo de 2017, ele desenvolveu a ideia de um aplicativo para celular, totalmente independente da maior plataforma de vídeos do mundo. Nele, Felipe apresentaria aos fãs conteúdos exclusivos: vídeos, *emoticons*, itens personalizados e enquetes. Seria um caminho direto entre ele e quem o acompanhava. Porém, para ter acesso ao conteúdo, o interessado teria que pagar.

Felipe não economizou no anúncio da ideia. O projeto era uma declaração de guerra ao YouTube. Em 28 de setembro de 2017, ele foi o anfitrião e apresentador do que considerava um dos dias mais importantes de sua vida. Produziu um evento portentoso na mansão da Barra da Tijuca, com uma live em seu canal no YouTube com mais de 50 minutos de duração. Nesta época, transmissões ao vivo não eram comuns como hoje.

A festança teve lista organizada pela badalada promoter carioca Carol Sampaio, que reuniu amigos, parentes e famosos, entre eles o ator Thiago Rodrigues, o ex-atleta Robson Caetano e as youtubers Franciny Ehlke e Nayara Rattacasso. Cerca de 200 pessoas foram ao evento regado a boa comida e muita bebida. Uma grua captou imagens aéreas da Netoland lotada. Com o apoio de uma equipe dedicada à transmissão, e participações de Luccas Neto e do "repórter" Bruno Correa, Felipe apresentou seu show ao vivo para mais de 150 mil pessoas.

"O aplicativo é um grito de independência. É o primeiro aplicativo de um youtuber no Brasil feito dessa forma. Mas eu continuo no YouTube e vou continuar sempre. Eu amo o YouTube. (...) Mas a gente está tentando reconstruir a relação. Eu tenho uma reunião marcada para conversar e ver o que aconteceu", disse durante a live, exibindo uma edição da revista "Veja Rio" com seu rosto na capa e o título "É guerra".

Felipe liderou a lista de aplicativos baixados no Google Play Store e na Apple Store nos dias posteriores ao lançamento. Teve mais procura que o WhatsApp, Facebook e Instagram. Nas primeiras horas, foram mais de 400 mil downloads. O entusiasmo, porém, foi arrefecendo. Ele apostava que outros youtubers adotariam a mesma estratégia, o que não ocorreu.

Coincidência ou não, em junho de 2018 o YouTube lançou uma nova maneira de os produtores de conteúdo monetizarem seus trabalhos. Criou a área chamada Channel Memberships, que nada mais é do que um espaço reservado ao dono do canal para vídeos exclusivos, por meio de assinaturas pagas. Ou seja, tinha a mesma finalidade do aplicativo criado por Felipe, que desistiria da ferramenta um ano depois do seu lançamento.

* * *

Em um vídeo postado em 2018, Felipe Neto contou que usava o site Social Blade para acompanhar números e estatísticas de sua audiência. O serviço monitora perfis e oferece projeções sobre desempenho ao longo do tempo. Entre os canais de entretenimento mais assistidos do mundo, Felipe encerrou 2020 como o 11º e o terceiro no Brasil, atrás apenas da produtora musical KondZilla e do youtuber Whindersson Nunes.

Em 2020, o Social Blade estimava uma receita anual de até US$ 13 milhões para o canal Felipe Neto, algo em torno de R$ 72 milhões. Em julho de 2018, o próprio Felipe já havia calculado, numa postagem em seu canal, quanto recebera no mês anterior com os 212 milhões de *plays* em seus vídeos e concluiu que, por cada milhão de *views* (visualizações), ganhou US$ 687. Ao usar o câmbio da época de R$ 3,87 para cada dólar recebido, disse ter embolsado R$ 2.658,69. Portanto, multiplicando por 212, faturou um total de R$ 563 mil no mês (isso em 2018), só em propaganda automática associada aos vídeos.

O faturamento na plataforma, porém, não é gerado apenas pelo número de visualizações, embora seja uma métrica importante. Há a contabilização de uma cesta de itens, entre eles a quantidade de vídeos assistidos contendo publicidade. Quanto mais cliques em anúncios, maior é o ganho, assim como também pesa o tempo em que um usuário se detém num anúncio. Alguns canais fazem mais dinheiro com menos visualizações.

Há outras formas de monetização. Um youtuber pode rentabilizar a sua produção com um clube para o seu canal (o Channel Memberships); apresentando uma estante com seus produtos; e promovendo "super chats e super stickers" – lives em que o público faz doações. Detalhe: todas essas receitas estão relacionadas a ferramentas oferecidas pelo Google. Não incluem, portanto, patrocínios acertados diretamente com os criadores de conteúdo, os chamados merchans (termo para classificar a publicidade de algo, os merchandisings).

Na estante de produtos, Felipe promove sua marca de roupas e faz dezenas de lives a cada mês. Algumas são públicas, o que garante uma audiência maior, mais doações e gente nova no canal. Outras, porém, são exclusivas para assinantes. As doações em tempo real variam de R$ 1 a R$ 300 na maioria das vezes, mas há quem ofereça mais. Sempre que caem na conta, são motivo de comentário e agradecimento do apresentador. Felipe explica que o dinheiro repassado nos "super chats" é destinado atualmente à caridade. É comum vê-lo divulgar em seu canal o nome de instituições sociais para quem diz repassar os valores recebidos.

Em lives fechadas, só para assinantes, ele reúne, em média, 200 mil pessoas. A assinatura mensal do canal era de R$ 7,99 no início de 2021, o que, numa conta simples, geraria quase R$ 1,6 milhão por mês, somente com o clube no YouTube (sem descontar taxas e repasses para a plataforma).

* * *

Com o início da pandemia do coronavírus no Brasil, em março de 2020, quando o país entrou numa longa quarentena, Felipe fez algumas apostas para manter a audiência do canal em alta. Foram mais recorrentes as transmissões como *streamer*. O nome deriva da palavra em inglês *streaming*, a tecnologia que possibilita a transmissão ao vivo e on-line de áudio e vídeo através de dispositivos de mídia, como computadores e celulares. Nos últimos anos, viraram febre na internet, principalmente no mercado dos jogos eletrônicos, com influenciadores passando horas na frente do computador jogando e interagindo simultaneamente com os fãs.

A pandemia favoreceu a adoção do estilo *streamer* por ser teoricamente mais simples a publicação de conteúdo, já que prescinde de pré-produção ou de edições. Felipe apostou nas lives justamente para interagir com a audiência enquanto jogava Minecraft – game criado em 2009 e comprado em 2014 pela Microsoft, um dos mais vendidos em todos os tempos. Suas transmissões foram um estouro: a brincadeira nada mais é do que se manter vivo num ambiente digital onde o jogador tem a possibilidade de criar narrativas próprias, desenvolvendo mapas e estruturas, além de combater inimigos. As epopeias são chamadas de "sagas".

A importância das transmissões ao vivo vai muito além do montante arrecadado a cada interação ou do aumento de inscritos no canal. No último episódio da saga, Felipe alcançou o pico de 600 mil pessoas numa live, público comparável ao de emissoras de TV. Segundo a Kantar Ibope, que monitora audiência em vídeo, Felipe registrou 3.2 pontos, totalizando o equivalente a 240 mil domicílios o assistindo, à frente, por exemplo, do canal aberto RedeTV!. Entre março e dezembro de 2020, ele produziu uma centena de vídeos (gravados e ao vivo), com mais de 600 milhões de visualizações.

Numa projeção a partir dos dados do Social Blade, caso Felipe mantenha o ritmo de crescimento apresentado no primeiro trimestre de 2021, iniciará o ano seguinte com mais de 44 milhões de inscritos, contabilizando quase 15 bilhões de visualizações de seu conteúdo – ele fechou abril de 2021 com 12,7 bilhões. E atingirá 60 milhões entre março e abril de 2026. Até lá, seus vídeos terão sido vistos 50 bilhões de vezes.

* * *

Felipe Neto é um exemplo das diferentes fases da criação digital no Brasil. Issaaf Karhawi, jornalista e doutora em Ciências da Comunicação pela USP, que estuda a formação de influenciadores, divide o processo em quatro etapas: vanguarda, legitimação, institucionalização e, finalmente, a fase profissional.

A etapa de vanguarda tem uma motivação mais genuína, o compartilhamento e a construção de comunidades, algo mais social, de ter com quem conversar e trocar ideias. O segundo momento trata de uma corrida pelo ouro: a legitimação vem com a percepção de que é possível viver da internet e da criação de conteúdo, mas ainda sem se saber ao certo como alcançar o objetivo. Tudo na base do improviso e destaca-se quem, ao menos, tem a aprovação da comunidade em que está inserido.

É a partir da institucionalização dos canais no YouTube que criadores se veem forçados a desenvolver uma estratégia para embalar o conteúdo com slogans, símbolos, logotipos e outros elementos de identidade visual. Essa terceira fase simboliza o início da visão de mercado dos criadores, sujeitos às inserções de propaganda de empresas e marcas. Os discursos são modificados ou adaptados e há uma ruptura com o perfil antes apresentado.

A última fase, essa mais recente, é a da profissionalização. Canais de ponta, como os de Felipe, passam a contar com produtores, roteiristas, pesquisadores e jornalistas. Há mudanças na forma de se comunicar, incluindo aspectos da rotina do criador de conteúdo na busca por uma aproximação do fã ou seguidor.

Felipe Neto, ainda que intuitivamente, seguiu à risca o roteiro. Entre 2016 e 2020, multiplicou o número de seguidores e se transformou num gigante no YouTube. Mas também colecionou uma série de inimizades, seja por suas polêmicas ou pela ciumeira que provocava.

14
UMA REDE DE POLÊMICAS

Em uma década de superexposição, com a internet tendo o papel de extensão da própria casa, não surpreende que os irmãos Neto ostentem uma lista de confusões. A dupla fez a alegria do Treta News, perfil que traz embates envolvendo youtubers, considerado o canal oficial de notícias sobre os criadores de conteúdo – até abril de 2021, contava com quase cinco milhões de inscritos. As picuinhas de Felipe Neto são antigas.

Definitivamente, Felipe não é unanimidade entre os pares. Longe disso. A primeira grande treta envolvendo seu nome é dos tempos do Parafernalha. Antes de criar o canal, ele chamou para participar integrantes do Anões em Chamas, que faziam sucesso com vídeos de sátiras, como a paródia "CSI: Nova Iguaçu". Entre eles estavam Gustavo Chagas e Ian SBF, o mesmo que dirigiu os esquetes no Multishow e no "Esporte espetacular".

Mas poucos meses após a estreia do Parafernalha, nasceu em

2012 o Porta dos Fundos, criado pelos atores, humoristas e roteiristas Antonio Tabet, Gregorio Duvivier, Fábio Porchat, João Vicente de Castro, e pelo diretor Ian SBF. Da sociedade da produtora participavam ainda a Joá Investimentos, fundo que tinha Luciano Huck como um dos acionistas. Para montar a equipe de produção e criação, o Porta foi atrás de alguns nomes que já estavam apalavrados com Felipe e o seu Parafernalha. Nascia assim a rivalidade entre os dois canais.

"Todo mundo ia sair dos Anões em Chamas e fazer o Parafernalha. Só que nesse meio tempo surgiu o movimento de fazer o Porta dos Fundos. E daí vem essa ruptura. Sempre teve o Porta x Parafernalha. (...) A *(empresa)* Parafernalha já estava certa de acontecer, a gente ia fazer, só que teve um momento que falaram: 'Galera, a gente tem essas duas opções. Então, quem vai querer ficar aqui e quem vai querer ficar lá?'. Metade veio para o Porta dos Fundos e metade foi para o Parafernalha. O Felipe ficou mordido com razão", contou Gustavo Chagas, do Anões em Chamas, em entrevista ao Flow Podcast, programa de áudio online apresentado pelos youtubers Bruno "Monark" Aiub e Igor "3K" Coelho.

Em setembro de 2016, no "Programa do Porchat", na TV Record, integrantes do Porta dos Fundos foram desafiados por Fábio Porchat a ligar para Felipe Neto. Antonio Tabet foi o primeiro. O contato caiu na caixa de mensagem e ele deixou um recado curto e grosso: "Seu merda". Já Rafael Portugal foi questionado por Porchat "sobre o que lhe dava saudades de sua época de Parafernalha e de quem mais gostava lá". Portugal foi por algum tempo o principal ator do canal criado por Felipe no YouTube, mas bandeou-se para o Porta dos Fundos. "Quando a gente está mal na vida, passamos por alguns momentos que nos levam a refletir sobre o futuro. Eu sinto saudade de estar ali, naquela varanda, naquela casa que eles não conseguiam pagar *(fazendo referência ao casarão na Ladeira da Glória)*, lá no cantinho, pensando: 'Será que algum dia a gente sai daqui, Maracujá?'", disse Portugal, citando Cezar Maracujá, ex-colega do Parafernalha.

A provocação de Porchat não parou aí. Rafael Portugal ainda tinha que pagar uma prenda. O apresentador trouxe um boneco em tamanho real de Felipe Neto para que o humorista batesse com um taco de beisebol o quanto quisesse. Antes de destruí-lo, Portugal brincou que o ex-chefe ironizara seu pedido por "um dinheirinho a mais" para trabalhar no Parafernalha. "Quando eu falei para ele se poderia pagar um dinheirinho para poder trabalhar lá, ele respondeu: 'Pô, mas tu quer vir pra cá de helicóptero e comer no Fasano?'", contou Portugal.

Felipe, por sua vez, disse que foi vítima de "muita sacanagem" do pessoal do Porta dos Fundos. Em um vídeo postado em dezembro de 2016, ao lado do humorista Maurício Meirelles, um de seus poucos amigos da internet, ele foi indagado se odiava os rivais: "Alguns, sim. Alguns, não. Não falo *(de quem não gosto)*. Primeiro, porque há processo envolvido. Eu conhecia alguns dos integrantes antes do Porta existir. Era algo nada a ver com o canal. Não desejo mal absolutamente nenhum ao Porta dos Fundos ou aos integrantes, mas existem algumas pessoas ali dentro que já tentaram me foder".

Não há no Tribunal de Justiça do Rio processo cível ou criminal movidos por Felipe contra integrantes do Porta dos Fundos, como também inexiste registro público de algum questionamento do pessoal do canal rival contra Felipe.

Após ter vendido a Paramaker, no fim de 2015, época em que também retomou sua presença no YouTube, Felipe fazia comentários sobre o que outros criadores produziam. O Porta dos Fundos era assunto recorrente. "Eu acho que o Porta dos Fundos já foi muito bom. Hoje, eles entraram numa repetição de si mesmos. E falando como uma pessoa completamente alheia a ter qualquer tipo de relação pessoal com alguém lá dentro, acho que eles deveriam se reinventar completamente", disse no mesmo vídeo com Meirelles em dezembro de 2016.

Felipe fez críticas também aos esquetes criados por Tabet, Duvivier e Porchat. Não gostou, por exemplo, do vídeo em que eles sugerem que a Polícia Federal seria conivente com acusações de corrupção contra políticos do PSDB, partido de oposição quando o país era administrado pelo PT. "Eu prometi que não ia mais me envolver em polêmica e quero evitar ao máximo, quero fazer meu conteúdo e ser feliz. Porém, eu estou constrangido com o vídeo novo do Porta dos Fundos. A ideia de que a Polícia Federal estaria omitindo denúncias contra o PSDB é tão baixa, é tão suja, é tão feia, que eu acho que o Porta dos Fundos deveria pedir desculpas por esse vídeo. Enfim, fica aqui minha recomendação", disse em gravação para o seu perfil no Snapchat, aplicativo em que os conteúdos eram visíveis por apenas 24 horas.

As cutucadas de lado a lado continuaram. Postado no início do segundo semestre de 2017 no canal de Luccas Neto, o vídeo "Like, dislike ou grava junto!" teve a presença de Felipe falando sobre o Porta dos Fundos. "Era aquele canal que fazia esquete, caso você não lembre, que fazia vídeos de humor e ainda faz, inclusive. Ninguém assiste, mas ainda faz", disse. O vídeo não está mais disponível no canal de Luccas.

A resposta do Porta dos Fundos veio em dois esquetes. O primeiro com o título de "Influencer", em que o personagem de Antonio Tabet interpreta um youtuber de 45 anos que briga com a esposa após comprar centenas de caixas de gelatina para encher uma banheira. Também fazia referências irônicas à promoção dos irmãos para que crianças passassem um dia na Netoland.

A segunda produção foi ao ar em 2018, com Gregorio Duvivier interpretando o fictício youtuber Marquinhos Lemos, que dizia já ter comido 25 fatias de pizzas e 25 chocolates diferentes. Ele imitava os trejeitos de Luccas, com suas expressões infantis e a fala histriônica. Na mesma época, Duvivier também falou sério e criticou em seu programa "Greg News", no canal por assinatura HBO, as ações de marketing dos irmãos Neto voltadas para as crianças.

* * *

As pendengas não se resumiam ao Porta dos Fundos. É notória a rivalidade com outro Felipe, o Castanhari, do Canal Nostalgia, um dos mais acessados do país. "Eu acho que a maior *(briga)* de todas e que mais me fez mal foi a que tive com o Castanhari. Da quantidade de vezes que ele falou de mim. Inúmeras e inúmeras vezes", disse Felipe à youtuber Dani Russo, em um vídeo de 2017.

A história é longa: começou com a indignação de Castanhari com a Paramaker, segundo ele, pelo descumprimento de acordos. Dali em diante as desavenças se agravaram. Dono do Canal Nostalgia, ele já tinha dito no Twitter que o problema era o "ego inflado" de Felipe, que não aceitava ser contrariado ou ouvir reclamações. Admitiu ter cometido erros no passado, pelos quais teria se desculpado, mas continuou questionando a postura de Felipe, que transformaria críticas em "ódio mortal".

Se o entrevero com o Porta dos Fundos passou da fervura ao banho-maria – as duas partes deixaram de trocar farpas explícitas –, com Castanhari o desfecho, aparentemente, foi pacífico. Em 2018, houve uma lavagem de roupa suja e um suposto reinício de amizade. No ano seguinte, durante um evento promovido pelo YouTube, os dois chegaram a trocar beijos. "Essa coisa de brigar na internet é uma bobagem, saca? A gente consegue conversar e chegar num acordo. Acho que também, para o Felipe, era interessante eu não ser um inimigo dele, né? Porque eu era um inimigo bem chato. No final das contas, a gente trocou uma ideia e ele falou 'Não, cara, tá tudo certo'. É importante o que ele está fazendo com a influência dele", disse Castanhari em 2020, ao Flow Podcast.

Felipe Neto carrega a imagem de egocêntrico muito em função dos comentários e críticas a outros youtubers e também pelos elogios ao próprio canal. Seus concorrentes o acusavam de ter se vendido ao YouTube, focando num público infantilizado para alcançar fama e dinheiro. Felipe, por sua vez, devolvia as críticas com petardos públicos.

Independentemente de despertar ódio e paixão, sentimentos comuns ao mundo da idolatria, a fama de marrento grudou em Felipe como carrapato. "Gosto do Felipe Neto no sentido de que ele é um cara talentoso. Não tiro nem um por cento do profissional, do ser humano capaz que ele é. Só acho que, pelas oportunidades que tive de conhecê-lo e as histórias que me contaram, ele parece ser uma pessoa que dá uma importância muito grande ao próprio ego", disse em 2020 Monark, um dos apresentadores do Flow Podcast.

Até de plágio Felipe Neto já foi acusado. A fixação pelo youtuber PewDiePie, apelido do sueco Felix Arvid Ulf Kjellberg – dono do maior canal de entretenimento do mundo até o primeiro trimestre de 2021, com 109 milhões de inscritos –, gerou insinuações de que o youtuber carioca o imitava. Quadros como "APEI", com comentários sobre montagens compartilhadas por seguidores, e "Fnews", espécie de jornal com notícias e informes feitos por Felipe, são comparados ao "Meme review" e ao "Pew news", criados pelo sueco. Mas ele parece não se importar. Em 2020, em postagem no Twitter, Felipe ironizou as acusações lembrando que seu canal nasceu dias antes do de PewDiePie.

* * *

A polêmica faz parte da vida de Felipe mesmo que ele sequer abra a boca. Um episódio que gerou muitos comentários foi o vazamento de um nude seu em julho de 2018. Num vídeo de alguns segundos, feito de forma amadora com o seu próprio celular, o influenciador aparece tocando no próprio pênis deitado em uma cama. Felipe nunca confessou como o vídeo viralizou e a quem o enviou, mas garante que tudo aconteceu antes de começar a namorar Bruna, em 2017.

Segundo o Google Trends, plataforma que monitora o volume de buscas no Google, o período em que o nome Felipe Neto foi mais procurado na internet coincide com o do nude. "Eu acordei hoje e a primeira coisa que faço é ver como estão as notícias do Brasil e do mundo e conversar com as pessoas mais próximas a mim. E chegou uma mensagem do Bruno falando: 'Felipe, vazou um vídeo seu se tocando'. Falei: 'Tá, qual é a piada?'. Aí eu entrei no Twitter e vi que meu nome estava nos primeiros *trending topics* (os assuntos mais comentados do Twitter). E realmente eu vi que tinha um nude meu vazado de três anos atrás. Foi bastante tenso", disse num vídeo em que tratou do tema.

Felipe reuniu os comentários que lhe pareciam mais engraçados sobre o nude: "Como não vou fazer piada do meu pinto? É piada que o Brasil quer, é piada que o Brasil vai ter. Então, decidi separar aqui as melhores postagens sobre o meu pinto". Nos 12 minutos de vídeo – que classificou para maiores de 18 anos – ele falou seriamente a partir do décimo minuto. Tratou o caso como delito e ameaçou: "Todas as pessoas que compartilharam e divulgaram o vídeo serão processadas criminalmente". Lamentou que pais e mães poderiam "levar para o lado errado" o vazamento do vídeo, mas que era "vítima da história". Não constam nos principais tribunais do país, porém, acusações públicas contra envolvidos no episódio.

* * *

A partir de 2019, com fama e prestígio consolidados, Felipe relegou ao segundo plano confusões com youtubers e criadores de conteúdo. Redirecionou seu foco para a política, temas sociais e comportamento, principalmente no Twitter. Cutucadas e desaforos não foram descartados completamente, mas ele assumiu um outro papel: o de justiceiro virtual em defesa de novas pautas e causas.

Um dos primeiros atos foi banir de suas redes qualquer menção a Gabriella Abreu Severino, nome da cantora mirim MC Melody. O desterro aconteceu no início de 2019, quando ela tinha 11 anos. Felipe sustentou que havia uma "hipersexualização" imposta pelos pais da menina e usou como exemplo a foto de Melody de biquíni num videoclipe. "Galera, infelizmente a Melody está banida do meu canal. Havia informado ao seu pai que não faria mais *react* enquanto ela fosse sensualizada. Ele me prometeu que ia mudar, mas só piorou. E piorou muito. Ela tem 11 anos. E eu tive que censurar uma foto para poder exibir", escreveu em seu Twitter.

Após o desabafo, Felipe divulgou um comunicado informando que convencera o pai e empresário de Melody, Thiago Abreu, a protegê-la da exposição exagerada. Uma tutora foi contratada, assim como uma equipe de profissionais das áreas artística, pedagógica e terapêutica.

O silêncio de Neymar diante da pauta antirracista em todo o mundo também foi tema de Felipe. No início de junho de 2020, ele juntou quatro postagens daqueles dias do jogador que não tratavam do tema – o atacante da seleção contava, somando Instagram, Twitter e YouTube, com quase 200 milhões de seguidores, o triplo do empresário e youtuber. "Vidas negras importam. Mas nem todo mundo se importa", escreveu Felipe, para logo em seguida apagar o tuíte.

Ele explicou, depois de algumas horas, que fora interpelado por integrantes do movimento negro mostrando ser um erro um branco cobrar um posicionamento sobre racismo de uma pessoa preta. Insistiu, porém, que não deixaria de se indignar diante do "silêncio do jogador, disparado o maior influenciador digital brasileiro no mundo, mas que se silencia a respeito de quase todas as pautas humanitárias e sociais que assolam seu país de origem e se espalham pelo planeta".

Durante a pandemia, Felipe destacou em seus perfis o desrespeito ao distanciamento social, postou fotos de praias lotadas, shoppings abertos e desancou quem ignorava a principal forma de enfrentar o coronavírus antes da vacina. Porém, em dezembro de 2020 foi filmado jogando futebol com amigos, na posição de goleiro. Ele até postou uma mensagem dizendo que errara e alegou ter tomado todas as precauções. Mas nos dias posteriores ao flagra recorreu ao deboche contra os que o acusaram de hipocrisia e acrescentou nas suas descrições no Twitter e no Instagram: "O seu goleirão. Hipócrita desde 1988. Chato".

* * *

Felipe vive numa linha tênue entre massacrar e ser massacrado. Estabeleceu conceitos sociais aceitáveis segundo uma régua pessoal do que acha ou não correto. Com isso, tornou-se uma espécie de fiscal de temas envolvendo as pautas que defende: combates ao racismo, à desigualdade social, ao machismo e à homofobia.

A política também entrou firme em sua agenda. Causou desconforto em alguns a pressão que fez, em maio de 2020, para que youtubers e influenciadores se posicionassem diante do conjunto das ações do presidente Bolsonaro. O youtuber Monark o chamou de hipócrita e disse no Twitter ter "um pouco de dó" do colega de profissão, pois no fim da vida ele vai olhar para o lado e só verá "dinheiro e interesses".

Rafinha Bastos, um dos primeiros youtubers brasileiros, também opinou. "Felipe, oh Felipe. Eu gosto muito de você. Mas deixa eu te falar uma coisa. A gente concorda que proibir alguém de dizer algo é um movimento ultra-autoritário, você não concorda? Concorda, né? Agora, obrigar alguém a se expressar também é um movimento que eu diria ser um pouquinho ultra-autoritário", registrou Rafinha em seu canal no YouTube, que somava 2,6 milhões de seguidores em abril de 2021.

O youtuber Gabriel Tenório Dantas, o Mr. Poladoful, dono de um canal com quase seis milhões de inscritos até então, foi outro que reagiu: disse que Felipe é hipócrita e que "paga de libertário e salvador da pátria, mas faz qualquer coisa por visualizações, dinheiro e influência". Horas depois, postou a imagem com o registro de que Felipe o bloqueara no Twitter: "Olha, não me entendam mal. Eu sou contra o governo Bolsonaro. Mas, principalmente, eu sou a favor da liberdade de expressão. E completamente contra essa obrigatoriedade que o Felipe Neto impôs, de forma arrogante, em relação aos artistas que não querem se posicionar politicamente. Até porque se posicionar politicamente é um direito de cada um", escreveu.

Mas houve quem apoiasse Felipe, e não foi pouca gente. Entre eles, estavam celebridades como os atores e influenciadores Bruno Gagliasso e Giovanna Ewbank, os cantores Lulu Santos e Gaby Amarantos, a atriz Patrícia Pillar e o humorista Marcelo Adnet, que escreveu: "Quem silencia perante constantes ameaças, mentiras e assiste calado ao desmonte do Estado e da Democracia é cúmplice dos neofascistas. Mas o rompimento se deu quando dedicou seu voto a um cruel torturador, fora as monstruosidades que sempre defendeu. É inaceitável há décadas". Essa imagem de bastião gerou uma campanha que fez sucesso no Twitter. Seus seguidores começaram a dizer o que #cabeaoFelipeNeto fazer ou solucionar.

15
POLITICAMENTE
CORRETO

"O *Autor (Felipe Neto) é ator, conhecido pelo seu pioneirismo como vlogger do YouTube, sendo também fundador da empresa Parafernalha e, após, a Paramaker, ambas dedicadas à produção de vídeos de humor sobre aspectos do cotidiano e comportamentais.*

Após diversos trabalhos, tendo, inclusive se afastado da Parafernalha e da Paramaker, hoje dedica-se com exclusividade à publicação de vídeos diários no seu canal, com mais de 6 (seis) milhões de inscritos, que trata de assuntos diversos, que envolvem desde comentários sobre personalidades públicas até críticas sobre comportamento social, com abordagens políticas e, mesmo com algum conteúdo religioso, numa linguagem absolutamente informal, direcionada ao público fundamentalmente jovem.

(...) Mormente seja o roteirista de seus vídeos, que expressam pensamentos e opiniões que comunga, normalmente relacionadas à defesa da liberdade de gênero, contra o machismo e o radicalismo social e religioso, há ali um personagem que eleva as cores, acrescenta temperos e satiriza situações.

(...) Neste contexto, o Autor estimula os jovens a assumirem posturas desnudas de preconceito, reconhecendo que ele mesmo, quando mais novo, cometeu equívocos, mas, com o advento da maturidade, revê seus posicionamentos em busca de equilíbrio e aceitação ao próximo.

Note-se, outrossim, que embora a linguagem do canal seja absolutamente coloquial, incluindo o uso de palavrões, de regra o conteúdo é direcionado ao humor, à sátira, e há, sempre, no pano de fundo, uma mensagem social de acolhimento."

Esse é um trecho da defesa de Felipe Neto, em 2016, na ação movida contra o paulista Luis Fernando de Moura Cagnin, conhecido como Nando Moura. Músico e youtuber assumidamente conservador, ele fez de Felipe um dos assuntos principais de seu canal no YouTube, acusando-o de defender minorias para se promover na internet.

No processo que corre no Tribunal de Justiça do Rio, Felipe cobrou dano moral de R$ 50 mil e a retirada de vídeos do músico que manchariam sua honra. Ele reclama ter sido chamado de "moleque", de "retardado" e de "imbecil", entre outros insultos e palavrões. Os links das gravações saíram do ar após ordem judicial.

O caso reforça como o "politicamente correto", apesar de não estar presente textualmente na ação, tornou-se uma bandeira que Felipe empunharia. O conceito surgiu após a Segunda Guerra Mundial, com o desenvolvimento da ideia do "Bem-estar social", que ganharia relevância no contexto político norte-americano sobre as lutas de mulheres e de negros por direitos e igualdade, entre outros temas. A filosofia da promoção social cobrava do Estado condições de subsistência e oportunidades iguais. À época, os que se enquadravam nessa forma de pensar eram listados como "liberais".

Política não é física, mas a definição de Isaac Newton sobre a relação direta entre ação e reação se encaixa nesse contexto: fortaleceu-se entre os conservadores a convicção de que as novas propostas liberais cerceavam a liberdade. Nasceu, portanto, uma divisão entre o pensamento liberal, caracterizado pela visão mais progressista da sociedade (na temática norte-americana), e o conservador, pela preservação de conceitos herdados de gerações passadas.

Em artigo publicado na "Revista USP", em 2017, o professor João Feres Júnior, da Universidade do Estado do Rio de Janeiro, explica que o "termo 'politicamente correto' se associa claramente à banda esquerda do espectro político, mas não a uma esquerda marxista revolucionária e sim liberal com inclinações igualitárias".

A explicação ajuda a entender o posicionamento de Felipe no quebra-cabeça do espectro político brasileiro. Em entrevista ao canal 1006 Coisas, no YouTube, em setembro de 2017, ele elevou o tom ao tratar da divisão entre esquerda e direita no país e os conceitos que defendia. "As pessoas acham que eu sou comunista. Eu sou um cara capitalista, que tem essa casa *(apontando para a sua mansão)* e defende a propriedade privada, mas eu sou tachado de esquerda, por quê? Simplesmente porque eu defendo causa social. Porque eu acho, sim, que tem que ter um planejamento de política de cotas bem exercido, que tem que ter um planejamento de distribuição de renda. Por eu defender lutas e causas sociais, como a causa LGBT, a causa das mulheres, falam 'ele é de esquerda', 'ele é comunista'. O Brasil está polarizado, de fato. O tempo inteiro é radicalismo de um lado e do outro. Isso é uma idiotice que foi plantada no Brasil, de tachar todas as lutas por causa social como esquerda e qualquer coisa sobre mercado mais liberal como luta de direita. Eu me vejo como um cara de direita economicamente", enfatizou.

A política, de fato, se vale de rótulos preestabelecidos – e nem sempre o indivíduo cabe em conceitos ou definições clássicas. A defesa de causas sociais colou ao discurso do "politicamente correto" da esquerda no Brasil: quem defende os direitos das minorias e respeito a esses grupos é de esquerda. Já quem se espelha em ideias mais liberais, no campo econômico, ocupa o polo oposto.

Se vestisse uma camisa política, Felipe se encaixaria em algo parecido com a social-democracia nórdica. O modelo tem como princípio o bem-estar da população, oferta de serviços públicos de qualidade e o apoio a bandeiras progressistas, caso da agenda climática. Ao longo de 2020, Felipe defendeu o Sistema Único de Saúde. Ele prega que todos os cidadãos precisam ter acesso às mesmas oportunidades.

Em contrapartida, passou a criticar o neoliberalismo após ler "Economia do desejo: a farsa da tese neoliberal", livro do empresário Eduardo Moreira, que classifica a falência do pensamento de Estado como um ator estritamente econômico em detrimento ao suporte social a toda população.

Em entrevista ao programa "Roda viva", em maio de 2020, Felipe citou Ciro Gomes e João Amoêdo para balizar seu pensamento. Eles foram candidatos à presidência da República em 2018: Ciro, do PDT, com um alinhamento mais à esquerda, e Amoêdo, do Partido Novo, com uma visão liberal, em defesa do estado mínimo. "Virou um Fla x Flu, um Palmeiras x Corinthians gigantesco, e isso prejudicou muito o debate político. Eu costumo traçar meus opostos, meus limites, entre Ciro e Amoêdo. Não estou dizendo que apoio nem um nem outro, mas eu tento manter a razoabilidade humana dentro desses polos", afirmou.

Felipe cresceu convivendo com um tio conservador, eleitor de Fernando Collor de Mello, contrário ao casamento homossexual e que fez campanha para Bolsonaro. "Eu tenho pessoas de todo tipo na família: parente militar apaixonado pelo governo Bolsonaro, reacionário, progressista e até petista. Contudo, eu levo para a minha família essa bandeira da paz e da união", disse ao jornal "Valor Econômico", em setembro de 2019, na reportagem intitulada "Felipe Neto, o empresário e youtuber que incomoda Bolsonaro".

Seus posicionamentos ou o de parentes, de fato, não chegam a estremecer a relação familiar. Quanto a conhecidos de longa data, algumas amizades ficaram pelo caminho a partir de 2018, com a radicalização no espectro político. Em um dos casos, antes do segundo turno da eleição presidencial, Felipe fez um desabafo em um grupo de WhatsApp contra quem "apoiasse abertamente e incondicionalmente" Bolsonaro. Disse que até aceitava o voto no candidato de direita, mas fazer campanha era demais. Um amigo bolsonarista deixou o grupo.

Felipe não revela apreço por extremos. Pelo contrário. Tem ranço do sectarismo, de quem se fecha ao debate ou quer impor pontos de vista no grito. E critica eleitores que fazem de políticos os salvadores do mundo, o chamado messianismo, sejam eles bolsonaristas ou lulistas. A postura é vista com olhos tortos por alguns, já que, ao adotar essa linha de pensamento, o youtuber passaria a ter a mesma "intolerância" reproduzida por parte do eleitorado brasileiro. Mas as tretas e confusões até este ponto não teriam paralelo com o que se avizinhava em seu horizonte. A posição firme nas redes sociais tornaria Felipe um alvo político.

16
UM INCENDIÁRIO
SEM PARTIDO

As críticas a Bolsonaro têm ocupado espaço cada vez maior no discurso de Felipe, mas a política não é tema novo em seu universo. Desde 2010, ele aborda o assunto com base no momento e reavalia constantemente suas ideias. O primeiro vídeo foi após o lançamento do Não Faz Sentido, em 21 de agosto de 2010, com o título "Políticos", época do início da corrida eleitoral para a sucessão de Luiz Inácio Lula da Silva. Os favoritos eram Dilma Rousseff, candidata do PT, e José Serra, do PSDB. "Vamos votar na terrorista? Ou vamos votar no elitista? Vamos votar nos que não vão ganhar porra nenhuma?", questionou. O vídeo foi desabilitado em 2021.

Felipe não engolia a classe política, à qual se referia como "corja de corruptos". À época ele vociferava contra o assistencialismo e a ausência de política educacional. "Desde pequeno você é condicionado a achar que tudo isso é uma grande palhaçada e que nada disso vai mudar tão cedo, porque, afinal, não há qualquer interesse político em fazer com que você aprenda esse tipo de coisa de verdade. É por isso que eu odeio político. Não estou falando que odeio política. Estou falando que odeio político", desabafou em 2010.

Em 2006, aos 18 anos, Felipe participou da sua primeira eleição para presidente. Votou em Cristovam Buarque, então candidato pelo PDT, que encerraria o primeiro turno em quarto lugar, com 2,5 milhões de votos (2,64% do eleitorado). Ele não revela, porém, a escolha no segundo turno, que colocou em lados opostos Lula, em busca da reeleição, e Geraldo Alckmin, do PSDB.

Felipe vota em uma escola municipal no Engenho Novo, a poucos metros da casa de sua infância, na Rua Visconde de Itabaiana. Mesmo com sucessivas mudanças de endereço, ele jamais alterou o local de votação.

* * *

Os primeiros anos da década de 2010 foram de oposição ferrenha ao PT. Suas ferramentas contra a gestão petista eram diferentes das de hoje. Felipe gravava declarações curtas pelo aplicativo Snapchat e fazia transmissões ao vivo pelo Twitter, as chamadas *twitcam* (um neologismo que mescla Twitter com "cam", abreviação de câmera).

Lula era o seu malvado favorito. Em 2010, as críticas giravam em torno do assistencialismo, em especial do Bolsa Família, programa que, segundo Felipe, era mero populismo. Em março de 2016, por meio de um vídeo no Snapchat, xingou Dilma Rousseff por oferecer o Ministério da Casa Civil ao ex-líder sindical. A indicação protegeria o ex-presidente contra um pedido de prisão preventiva no caso do triplex do Guarujá: "Para mim, o Lula é o maior bandido que já viveu neste país, um tremendo de um filho da puta e quero vê-lo preso".

Para Felipe, a articulação de Dilma significava "cuspir na cara do povo brasileiro". Também falou com revolta dos "ainda defensores de Lula e do PT capitaneados por imbecis da classe artística, que de nada entendem sobre a realidade do Brasil e acham que o PT tirou o país da miséria". E citou como exemplo "esse sujeito que é politicamente um imbecil, o senhor Chico Buarque".

Felipe usou as redes sociais para convocar seus seguidores a uma manifestação marcada para o dia 13 de março daquele ano, organizada por grupos que divergiam do governo. A pauta do protesto era combate à corrupção e oposição a Dilma e Lula: "Dia 13, daqui a dois dias, você tem que ir para rua. Não tem como ficar calado. Essa filha da puta da Dilma, e eu falto com respeito a ela porque ela falta com respeito à nação brasileira inteira todos os dias, está oferecendo ao Lula um ministério para que ele aceite e ganhe foro privilegiado. Eu sei que muitos de vocês são adolescentes, não se interessam por isso, mas é muito importante, nesse momento, que você entenda o que está acontecendo".

Houve manifestações por todo o país, as maiores desde 2002, quando o PT assumiu a presidência. O início do processo de impeachment de Dilma foi elogiado por Felipe, embora ele tivesse um pé atrás sobre os interesses do grupo que articulava a mudança no poder. "O impeachment da Dilma nada mais é do que o símbolo da não aceitação da corrupção. Porém, esse símbolo não foi uma conquista do povo. O interesse de Michel Temer, *(Eduardo)* Cunha e todos os outros envolvidos nessa cassação não tem nada a ver com o interesse do povo brasileiro. Mas nós não podemos enxergar a derrota da corrupção com o impeachment e ficar contra isso. A grande questão agora é: não podemos ficar calados depois da queda do PT", disse em agosto de 2016, alguns dias antes de Dilma ser afastada pelo Congresso Nacional.

A lista de maus políticos de Felipe cresceu e dela passou a fazer parte Aécio Neves, o candidato derrotado nas eleições presidenciais de 2014. Aécio foi denunciado por corrupção e lavagem de dinheiro, em 2017, depois do vazamento de uma conversa com Joesley Batista, dono da empresa de alimentos JBS. O senador pedia R$ 2 milhões para sua defesa em processos da Operação Lava Jato.

Em entrevista ao canal do jornalista Rica Perrone, em 26 de junho de 2017, Felipe foi questionado se votaria em Bolsonaro caso o segundo turno nas eleições do ano seguinte fosse contra Aécio ou Lula. "Aécio é impossível. Se fosse Bolsonaro e Lula? Bolsonaro representa grande parte das coisas que eu acho que estão erradas no mundo. Só que, por princípio, eu não voto em corrupto. Então, votar no Lula sobre qualquer hipótese, contra qualquer candidato, eu não voto. Embora o Bolsonaro represente muita coisa do que eu discordo, se fosse ele contra o Lula eu acho que não teria escolha", disse.

Em 4 de abril de 2018, Felipe comemorou em seu perfil no Twitter mensagens exaltando a prisão de Lula por ordem do juiz Sergio Moro, da Vara Federal de Curitiba. O motivo foi o mesmo caso do triplex no Guarujá. "ADEEEEEUS LULAAAAAA. ADEEEEEEEEEUS LULAAAAAAAA. Os petistas estão FULL PUTAÇO e eu to dançando na sala", escreveu: "Dos 11 ministros *(do STF)*, sete foram colocados por Lula e Dilma. NEM ASSIM o Lula conseguiu se livrar. Será q vc petista não consegue enxergar o quanto vc tá errado? O quanto vc tá torcendo PELA PESSOA ERRADA? Pelo amor de Deus, mano. Não é possível!!!".

Em setembro de 2019, em entrevista ao portal UOL, Felipe reviu seu posicionamento sobre o processo que levou Lula à prisão. A série de reportagens publicadas pelo site The Intercept Brasil, com o vazamento de mensagens entre procuradores da República da Lava Jato e Sergio Moro, tornou o youtuber um crítico da condenação do petista. "(...) Serviu para vermos de maneira ainda mais clara como o processo de condenação do Lula é uma vergonha que entrará na história do Brasil. Isso não significa que eu defenda a inocência do Lula, é importante deixar claro. Mas o processo do triplex é uma abominação jurídica", criticou.

Na entrevista ao programa "Roda viva", da TV Cultura, no ano seguinte, Felipe fez uma retratação pública por ter apoiado a cassação de Dilma: "No momento do impeachment, no momento do que nós podemos chamar de golpe, a minha colaboração, embora fosse nada comparável com a força que eu tenho hoje nas redes sociais, pois aquela época eu era muito mais empresário do que influenciador, sem dúvida existiu. E, sem dúvida, ela foi utilizada de maneira errada, equivocada".

***

Na lista de Felipe não constam apenas nomes do primeiro escalão da política. O pastor Marco Feliciano, assumidamente contrário à luta da comunidade LGBT, foi um de seus primeiros alvos. Em março de 2013, Feliciano, à época deputado federal pelo Partido Social Cristão (PSC), assumiu a presidência da Comissão de Direitos Humanos e Minorias da Câmara dos Deputados. Felipe tratou do tema em 26 de abril em um vídeo no Não Faz Sentido. Com o título "Homofobia", foi um dos mais longos do canal, com 27 minutos de duração.

"Nos próximos 50 anos, tudo isso será lembrado como uma grande vergonha para a humanidade. Escolas e faculdades vão lembrar como vilãs todas essas pessoas que defendem desde a morte dos homossexuais até a condenação absoluta de que eles não podem ter direitos. Eu sinto muito se eu estou falando de determinados pastores. Vocês não serão lembrados como algo positivo para a sociedade", disse.

Felipe afirmou que o preconceito aos LGBTs teria relação com um desejo homossexual e citou a Bíblia como argumento contrário a quem usa a religião para condenar gays: "Foi quando eu comecei a me politizar, a rever alguns conceitos, a me manifestar contra a homofobia, o machismo e outras questões. Muita gente fala que eu só virei 'isso daí de causa social' para ganhar seguidor. Não, eu comecei lá atrás, em 2013. Você só não lembra ou não acompanhava", disse em um vídeo postado em 2020, ao analisar os dez anos de história do seu canal e a importância de se posicionar contra Feliciano.

Em 2016, Feliciano voltaria à mira de Felipe, que o chamou de "lixo humano". O deputado fizera comentários homofóbicos ao atentado a uma boate LGBT, em Orlando, nos Estados Unidos. Após uma intensa discussão pelo Twitter, eles combinaram um debate frente a frente. O encontro ocorreu no gabinete do pastor na Câmara, em Brasília, e gerou um vídeo, postado no canal de Felipe em 5 de julho de 2016, que até abril de 2021 fora assistido 9,3 milhões de vezes.

Em 45 minutos de discussões sobre homossexualidade, Feliciano disse que "90% das pessoas homoafetivas com as quais conversou sofreram algum tipo de abuso sexual na infância". E fez analogias do tipo "a tomada funciona da seguinte forma: tem um negocinho aqui que entra dentro dela, um é macho e outro é fêmea".

O conteúdo apenas reforçou as imagens atreladas aos dois: Felipe sustentou postura contrária à homofobia e defendeu as escolhas individuais; o líder religioso pregou para quem compartilha de sua opinião. Apesar do pedido de desculpas de Felipe no início do vídeo por ter chamado o pastor de lixo humano, as trocas de farpas não tiveram um ponto final ali: aumentaram com a eleição de Jair Bolsonaro, de quem Feliciano é aliado fiel.

Desde a discussão com o pastor, cresceu a lista de desafetos de Felipe Neto. Em 2020 foi processado por Abraham Weintraub, que ocupou o Ministério da Educação de Bolsonaro. Weintraub alegou que Felipe "ultrapassou o direito de expressão" ao chamá-lo de "vagabundo" e "imbecil" em publicação no Twitter. Exigiu, no mínimo, R$ 5 mil de indenização, além da retirada das postagens e direito de resposta. O caso seguia em análise pela 36ª Vara Cível do Rio até abril de 2021.

Em outro processo, Felipe foi condenado a pagar R$ 8 mil a Marcelo Augusto Xavier da Silva, nomeado por Bolsonaro para a presidência da Fundação Nacional do Índio (Funai) em julho de 2019. Felipe afirmara no Twitter que o presidente "odeia os indígenas e nunca escondeu isso, mas colocar um sujeito com problemas mentais e que JÁ AJUDOU INVASORES DE TERRAS INDÍGENAS pra ser presidente da FUNAI vai além de todos os limites da perversidade humana. O cara é podre por dentro", acusou, numa referência às denúncias contra Xavier da Silva e a um suposto caso de agressão familiar.

Em setembro de 2020, o deputado José Medeiros, também bolsonarista, pediu que a Polícia Federal investigasse Felipe. Ele usou como base a Lei de Segurança Nacional para incluí-lo entre os apoiadores dos protestos antifascistas convocados por movimentos contrários a Bolsonaro. "Está acontecendo, à luz do dia, bem na sua frente. Não estamos falando de crimes cometidos. Não são postagens que ferem as regras das plataformas. Nada disso. São postagens criticando o presidente, um direito legítimo de todo cidadão. Quanto vai ter q piorar pra vc se posicionar?", desabafou Felipe Neto nas redes sociais. A Procuradoria-Geral da República arquivou as investigações, sob a alegação de que "não justificam a atuação do Ministério Público".

17
CRUZADA CONTRA
A INTOLERÂNCIA

Silas Lima Malafaia, pastor neopentecostal, líder da Assembleia de Deus Vitória em Cristo, também dividiu o ringue com Felipe Neto. O primeiro embate entre os dois se deu no início de 2017. Malafaia mobilizou fiéis e seguidores nas redes sociais, por meio de um vídeo no YouTube, para um boicote à Disney. Motivo da revolta: um beijo entre personagens do mesmo sexo no desenho animado "Star vs. as forças do mal".

    O pastor acusava a Disney de "erotizar crianças" e "comprar a agenda gay". "Vou postar um vídeo detonando a safadeza da Disney em querer incentivar o homossexualismo para as crianças. BANDIDOS! COVARDES!", esbravejou Malafaia em seu perfil no Twitter, no dia 1º de março, usando a palavra "homossexualismo", cujo sufixo "ismo" sinaliza a homossexualidade como doença ou distúrbio.

    Felipe reagiu. Em 4 de março, levou ao ar o vídeo "Disney e o Silas Malafaia" com mais de dez minutos de críticas à postura do líder religioso. Ele desdenhou da importância de Malafaia, ironizou seu posicionamento e disse se tratar de uma manifestação homofóbica: "Obviamente que no meio dessa confusão toda Silas Malafaia aproveita para fazer merchan de um livro da loja dele para vender. *(risos)* Afinal de contas, Silas Malafaia não seria Silas Malafaia se não explorasse a fé das pessoas para lucro próprio".

A frase resultou em um processo contra Felipe, ainda em 2017. Após dois anos de petições, apresentações de provas e recursos, as partes entraram num acordo para encerrar o caso: Felipe se retrataria em um vídeo. "Um aviso importante que eu preciso dar aqui para vocês. Em acordo na queixa-crime número 0227907-65.2017.8.19.0001 do TJ-RJ, venho esclarecer que: eu critico a postura e não concordo com muitas coisas que o pastor Silas Malafaia fala, mas não posso provar e afirmar que ele se enriquece através dos fiéis", explicou ao fim do vídeo com o título "5 funções do seu celular que você não conhecia". A retratação só aparece após 17 minutos de gravação.

Felipe não se sentiu derrotado, apesar de lamentar ter gasto cerca de R$ 150 mil com sua defesa. Ele argumenta que o vídeo em que faz a ilação sobre o enriquecimento de Malafaia segue no ar, assim como a proposta de retratação ter partido de sua defesa.

***

Um entrevero muito maior envolvendo Felipe e líderes religiosos aconteceria em setembro de 2019, quando foi realizada a 19ª edição da Bienal do Livro do Rio, maior evento do mercado editorial do país, que a cada dois anos reúne no pavilhão de exposições do Riocentro milhares de jovens e crianças. Em 4 de setembro, sexto dia da Bienal, circulou em redes sociais a página do quadrinho "Vingadores, a cruzada das crianças", da editora Salvat, com um beijo gay entre personagens da trama. A imagem chegou ao prefeito do Rio à época, o bispo licenciado da Igreja Universal Marcelo Crivella, que mandou proibir a venda da publicação. "Livros assim precisam estar embalados em plástico preto e lacrados. E, do lado de fora, avisando o conteúdo. Portanto, a prefeitura do Rio de Janeiro está protegendo os menores da nossa cidade", justificou Crivella.

Por determinação do prefeito, o secretário municipal de Ordem Pública, coronel da Polícia Militar Wolney Dias, foi à Bienal na manhã do dia 6 conferir se o livro estava à venda. As editoras reagiram com notas de repúdio, assim como a Câmara Brasileira do Livro, que saiu em defesa da liberdade de expressão: "É importante cultivá-la e defendê-la, zelando por sua integridade, porque se trata de direito assegurado a todos. (...) É na riqueza dos debates e na pluralidade de ideias que a humanidade tem evoluído ao longo destes anos e o livro tem sido fiel escudeiro nesta jornada".

Felipe soube do fato por uma amiga, a agente literária Alessandra Ruiz. A mensagem foi enviada ao seu WhatsApp pouco depois do meio-dia.

– Eu estava chegando à Bienal e mandei uma mensagem para ele dizendo: "Você não vai acreditar no que está acontecendo aqui!", e enviei um artigo da "Folha de S. Paulo" mostrando que Crivella queria censurar a HQ *(história em quadrinhos)* com a ilustração do beijo. Aliás, mandei vários artigos. Ele ficou indignado – conta Alessandra.

Antes das 15h, Felipe respondeu: "Alessandra, quero comprar dez mil unidades dessa HQ. Será que eu consigo falar com a editora? Quero comprar e espalhar para as pessoas". Alessandra ficou animada, mas em dúvida se conseguiria comprar milhares de livros em tão pouco tempo. Ela recrutou para a missão Everson Chaves, então executivo da Ediouro, editora responsável por publicar alguns dos livros lançados pelos irmãos Neto. Mas não demorou para a dupla perceber que seria inviável o plano de Felipe: havia poucos exemplares do quadrinho.

A alternativa foi substituir a HQ por livros de temática LGBT. Alessandra e Chaves anunciaram o plano a conhecidos na própria Bienal. Com o burburinho, a dupla foi procurada por interessados no protesto. A organização do evento se dispôs a ajudar, montando uma lista de títulos. Alessandra conseguiu reunir 14 mil exemplares. O montante, porém, teria que ser negociado com Felipe.

Ele não se importou com o valor – cerca de R$ 300 mil – e pediu que tudo fosse tratado com o seu financeiro. As editoras ofereceram descontos máximos. Só fez uma advertência: os exemplares deveriam estar dentro de plástico preto, lacrados, com um selo editado pelo próprio youtuber, que traria a mensagem "Este livro é impróprio para pessoas atrasadas, retrógradas e preconceituosas". Uma gráfica conhecida de Chaves topou imprimir e entregar as etiquetas em poucas horas.

"Hoje, 6 de setembro de 2019, foi um dia triste para a democracia brasileira. O dia em que o prefeito da cidade do Rio de Janeiro decidiu, por um devaneio, que um beijo entre dois homens deve ser enquadrado como pornografia, como conteúdo sexual e que, por isso, qualquer obra que mostre afeto entre gays deve ser embalada com plástico preto e avisada como conteúdo impróprio", reagiu Felipe em um vídeo postado no início da noite.

A notícia se espalhou e "quebrou" a internet, gíria usada quando um tema domina as redes sociais. O anúncio da entrega dos 14 mil livros ganhou o Twitter e o Facebook, enquanto os principais jornais do país preparavam a cobertura do que aconteceria no dia seguinte. Um contratempo, porém, surgiu no fim do dia. O dono da gráfica ligou para Everson Chaves perguntando: "Isso é para o Felipe Neto?". Evangélico, o empresário fez ponderações e Chaves achou que a produção dos adesivos iria por água abaixo. Depois de algumas explicações, as máquinas continuaram a rodar e a distribuição ocorreu como combinado.

Mesmo com tantos atores diferentes e um prazo reduzidíssimo, a ação foi cirúrgica. Em menos de dez horas, editoras e a organização da Bienal conseguiram reunir os livros e comprar os sacos plásticos pretos nos quais seriam entregues. Entre os títulos ofertados estavam "Com amor, Simon", de Becky Albertalli, "Me chame pelo seu nome", de André Aciman, e "Confissões de um garoto tímido, nerd e (ligeiramente) apaixonado", de Thalita Rebouças.

Em 7 de setembro, Dia da Independência e feriado nacional, milhares de jovens e adultos festejaram a ação contra a tentativa de censura. Antes do horário marcado, ao meio-dia, uma fila gigantesca já aguardava o início da distribuição dos livros, enquanto os responsáveis por embalá-los montaram uma linha de produção fordista, divididos entre empacotadores, coladores de etiquetas e a turma da entrega.

Por volta de 15h, foi feita uma parada para que o grupo pudesse dar uma respirada. Alessandra Ruiz correu para participar de uma mesa de discussão sobre outro tema. A distribuição seria reiniciada às 17h, para atender também ao público que chegaria na parte da tarde. Nesse meio tempo, Alessandra viu uma mensagem de Felipe em seu celular: "A Prefeitura voltou!". Funcionários da Secretaria Municipal de Ordem Pública tinham retornado ao Riocentro para confiscar títulos com a temática LGBT.

A prefeitura obteve respaldo do presidente do Tribunal de Justiça do Rio, desembargador Claudio de Mello Tavares. Ele defendeu sua decisão com o seguinte argumento: "(...) O legislador não proíbe, de forma absoluta, a circulação de material impróprio ou inadequado para crianças e adolescentes, mas tão somente exige comprometimento com o dever de advertência, para além de dificultar acesso ao seu interior, por meio do lacre da embalagem". Horas depois, a decisão de Tavares seria derrubada pelo ministro Gilmar Mendes, do STF.

O alerta de Felipe gerou uma correria: todos os títulos sujeitos à censura da Prefeitura estavam num mesmo lugar e já havia fila.

Foram entregues a toque de caixa e os voluntários comemoraram, com abraços e palmas. Esperteza ou não dos organizadores do protesto, os funcionários municipais foram mantidos numa sala com a direção da Bienal, enquanto os livros terminavam de ser distribuídos. Quando saíram, não havia mais o que confiscar.

Os organizadores da feira também tiveram o cuidado de pedir que Felipe não aparecesse no Riocentro: temiam por um frenesi caso ele desse as caras por lá.

– Foi muito emocionante. As pessoas que pegaram os livros fizeram uma passeata dentro da Bienal. Todos que participaram estavam indignados e solidários. Foi marcante porque se tratou de uma forma de protesto com o livro, com a leitura – lembra Alessandra.

A ação incomodou velhos desafetos de Felipe, entre eles Silas Malafaia. O pastor levou ao ar um vídeo em que se referia a "uma pessoa" como "bandido e canalha" por ter distribuído livros com a temática LGBT na Bienal. Embora não tenha sido citado nominalmente, Felipe foi à Justiça em dezembro de 2019, acusando Malafaia de injúria e difamação. Até abril de 2021, o caso não tinha sentença.

O episódio na Bienal causou outros transtornos a Felipe. Ele passou a receber em seu celular, de um número desconhecido, mensagens de ameaças a sua mãe. Algumas traziam informações pessoais e até mesmo o endereço em que ela morava. A família decidiu retirá-la do país. Desde o fim de 2019, a mãe de Felipe e Luccas Neto passa boa parte do tempo em Portugal, no apartamento comprado por eles um ano antes. Felipe também cancelou participações em eventos públicos e acionou a polícia.

Se o protesto na Bienal surtiu efeito, a partir daí os ataques e ameaças a Felipe subiram de tom. Ele não se intimidou e passou a reagir na mesma moeda. A guerra estava aberta e declarada.

18
NOVOS NEGÓCIOS, NOVO DISCURSO

A influência de Felipe em questões sociais e políticas crescia e seus negócios ganhavam novos rumos. Ele deixou a sociedade da Take4Content e, em agosto de 2019, tirou do papel a Play9, voltada para a curadoria de projetos de internet, estratégia de conteúdo e produção audiovisual. Na nova empreitada, além dele, estavam João Pedro Paes Leme, parceiro na empresa anterior, e Marcus Vinícius Freire, vice-campeão de vôlei na Olimpíada de Los Angeles em 1984 – a famosa geração de prata – e ex-diretor executivo de esporte do Comitê Olímpico Brasileiro entre 2009 e 2016.

Felipe e João Pedro deixaram a Take4Content e partiram para um novo negócio por questões de mercado. Os proprietários na antiga empresa não estavam satisfeitos com os rumos da sociedade e decidiram dividir os ativos. Luccas também saiu da Take4Content. Eles levaram os canais Felipe Neto, Luccas Toon e Final Level – um dos maiores perfis de jogos eletrônicos do Brasil. Luccas, porém, não se juntou ao irmão desta vez. Criou a Luccas Neto Studios, focada na produção do seu perfil no YouTube e, principalmente, na criação de filmes.

A Play9 se tornou o ponto alto da parceria entre Felipe e João Pedro. A dupla não tem pudor em expor a admiração mútua. Felipe trata o sócio como uma espécie de irmão mais velho. João Pedro claramente assumiu o papel de mentor da vida profissional de Felipe, desde a primeira parceria, em 2017, na Take4Content. É a união da experiência e do conhecimento com a figura pública, que mobiliza multidões no mundo digital.

"Quando terminou a Olimpíada *(de 2016)*, era um ciclo de fechamento de sonhos e um momento positivo para a transformação da comunicação. Não continuaria fazendo o que achava que não traria mais desafio em uma plataforma que eu considerava já decadente. Mas quando se fala 'decadente', não é que a TV vá terminar. É 'decadente' no termo oposto ao que é 'ascendente'. Um cara como o Felipe Neto, com quase 40 milhões de inscritos *(no YouTube)*, é o William Bonner dele mesmo, é a Globo dele mesmo, é o editor-chefe do seu jornal", disse João Pedro em entrevista ao UOL em outubro de 2020.

João Pedro tem um jeito discreto, humilde e afetuoso, raro para alguém com um currículo como o dele. O tempo no jornalismo contribuiu para o trato fácil, sincero e cordial. Muita gente o descreve como um gentleman, que expõe opiniões de forma clara, suave, mas com firmeza. Foram quase dez anos à frente da área de esporte da TV Globo, de 2007 a 2016, além do tempo de repórter. Ele administrava alguns dos maiores egos da mídia brasileira, geria talentos e buscava resultados.

Felipe e o ex-diretor da Globo têm um conjunto de interesses em comum. Além da paixão por comunicar e entreter, ambos são fascinados por literatura. João Pedro é bisneto de Alceu Amoroso Lima, um dos grandes escritores e críticos literários brasileiros, que foi da Academia Brasileira de Letras; um pensador católico que esteve entre os fundadores da PUC-Rio. Em 2001, João Pedro se lançou no mundo literário com o livro de contos "As oito mortes do imortal".

"O JP foi o cara que, dez anos atrás, enxergou potencial em mim e me levou para atuar em um quadro de humor na Rede Globo. Ele trabalhou por duas décadas na maior empresa de entretenimento e mídia do Brasil até decidir pedir demissão para empreender no mundo digital. E quando foi a hora de mergulhar nesse mundo, quem ele procurou? O garoto que ele havia dado uma chance. JP é meu sócio, amigo, mentor, irmão mais velho e conselheiro", escreveu Felipe em 2020, no Instagram.

* * *

A Play9 tem em seu DNA qualificação do conteúdo digital de influenciadores e figuras públicas em geral. Além dos perfis de Felipe, dos irmãos Neto (Canal IN) e do Final Level, ficaram sob o guarda-chuva da nova empresa as contas de Bruno Correa e de Bruna Gomes. E também um leque variado de clientes, entre eles a apresentadora Fátima Bernardes, a youtuber Franciny Ehlke, a advogada e influenciadora Gabriela Prioli, a atriz Giovanna Ewbank, os jogadores de futebol Marta e Vinícius Júnior, a atriz e youtuber Rafa Kalimann e o filósofo e advogado Silvio Almeida.

A empresa produz conteúdo para as redes sociais dos clientes e cuida dos canais deles no YouTube. No site da Play9, o perfil de Vinícius, por exemplo, é descrito como a janela "para que o craque do Real Madrid conte um pouco dos bastidores da sua carreira e ofereça oportunidade para os anunciantes utilizarem esse espaço exclusivo de narrativa audiovisual". O canal do jogador revelado pelo Flamengo, batizado de Vini Jr, foi criado em maio de 2019. Em abril de 2021 já contava com 1,3 milhão de inscritos.

As participações de Felipe na empresa são pontuais, até em função de sua concorrida agenda. Ele esteve à frente, por exemplo, do desenvolvimento da estratégia do perfil de Gabriela Prioli, a advogada que virou assunto ao participar do programa "O grande debate", do canal CNN Brasil, mas que pediu para deixar a atração sob a alegação de ter sido constrangida no ar por seus colegas. O canal de Gabriela fechou o primeiro trimestre de 2021 com mais de 600 mil inscritos, ganhando em torno de 550 mil seguidores desde abril de 2020, quando passou a ter a curadoria da Play9.

Os valores para inserções comerciais nos canais controlados pela Play9 variam de acordo com o perfil. Um minuto no canal de Giovanna Ewbank no YouTube chega a custar R$ 90 mil; nos da namorada de Felipe, Bruna Gomes, e no Canal IN, o valor é de R$ 25 mil.

Carro-chefe da Play9, o canal de Felipe tem os maiores valores. Quem busca o influenciador como garoto-propaganda de algum produto ou iniciativa terá de desembolsar algo em torno de R$ 140 mil por um minuto de anúncio (ou R$ 2.333 por segundo). Mas antes mesmo de a Play9 existir, Felipe deu o passo para profissionalizar o seu perfil. Desde janeiro de 2019, seus vídeos passaram a ser feitos pela Netolab, nome de seu laboratório de criação, em que conta com a ajuda de uma equipe especializada na produção de conteúdo, incluindo câmeras, produtores, roteiristas e editores.

Foi uma forma também de incentivar os fãs a se tornarem membros do Channel Memberships, espaço pago criado pelo YouTube, com conteúdo exclusivo, em que Felipe costuma apresentar os bastidores de suas criações, os integrantes da equipe e as brincadeiras do dia a dia. Com isso, ele aproxima os seguidores de sua rotina de trabalho. "Aqui criaremos um grupo muito mais íntimo de pessoas. Vamos debater, conhecer mais uns aos outros. E, em troca, vocês ganharão muito conteúdo exclusivo! Vídeos, fotos, lives. Estou muito animado com essa nova fase!", disse Felipe ao apresentar a novidade no início de 2019.

Entre janeiro e outubro de 2019, a Netolab ocupou uma casa de três andares em um terreno de 1.350m² no condomínio Novo Leblon, na Barra da Tijuca, com piscina e campo de futebol. Foi criado um novo cenário, com iluminação digna dos grandes estúdios. Felipe passou a oferecer dois vídeos diários aos seus inscritos e gravações exclusivas para os assinantes, dando fim à fase inicial de produções na Netoland – o youtuber voltaria a gravar em casa somente com o início da pandemia, a partir de março de 2020.

A criação da Play9, porém, resultou numa pequena reformulação nos planos de Felipe. A Netolab foi mantida, mas desde novembro de 2019 sua estrutura física se mudou para a sede da nova empresa, que ocupa um andar inteiro num prédio comercial na Barra da Tijuca, com 1.300m² de área. O espaço foi batizado de Netolab 2.0, onde também são desenvolvidos os demais canais da Play9.

A companhia atua ainda no mercado publicitário, com produtos para marcas e empresas. O YouTube, com o qual tem excelente relacionamento nos dias de hoje, segue como um dos pilares dos negócios. Felipe se tornou, inclusive, uma das estrelas do Creators Connect, braço da plataforma que busca atrair o investimento de empresas de todo o mundo para o mercado digital.

Creators Connect é a iniciativa do Google destinada a ampliar a atuação das marcas no YouTube, através da relação dos criadores de conteúdo com seu público. A equipe do Google trabalha em conjunto com agências de publicidade, anunciantes, responsáveis por marcas e youtubers para fazer o planejamento de campanhas.

Foi assim que nasceu o "Show da Black Friday", em 2019, para marcar o início das vendas de Natal. A descrição do evento no site da Play9 cita o "planejamento e execução da maior live de entretenimento da história do YouTube Brasil". Foram mais de cinco horas no ar, ao vivo e simultaneamente em dez canais, com a divulgação de seis marcas e a participação de 18 dos principais criadores de conteúdo do país.

Pesquisa feita pelo Google, divulgada em fevereiro de 2019, apontou que 56% das pessoas têm uma percepção negativa de uma celebridade e da marca quando a divulgação é feita na TV, enquanto 64% recebem de forma positiva as propagandas de um youtuber em vídeos postados na plataforma.

Em outra frente, a Play9 anunciou em setembro de 2020 a formação de um núcleo criativo para a promoção de pautas sociais. Recebeu o nome de "Nós", com foco em diversidade. A nova *digitaltech* segue o posicionamento mais recente de Felipe, com claro viés de ativismo social. Em novembro de 2019, por exemplo, para celebrar a marca de 35 milhões de inscritos em seu canal no YouTube, ele lançou uma campanha em que doaria R$ 500 a seguidores no Twitter: bastava revelar o motivo do pedido. Caso o convencesse, o valor seria transferido por um aplicativo de celular – houve quem suspeitasse que a ação seria publicidade velada e o Conar puxou a orelha de Felipe e do aplicativo PicPay.

Ao todo, 67 perfis foram selecionados em duas horas. Entre os contemplados, estavam uma mestranda em Ciências Sociais da UFRJ que utilizaria o dinheiro para comprar livros; um aspirante a youtuber que lançara um canal sobre a temática LGBT e precisava de equipamento; uma jovem que gostaria de trocar as telhas da casa da avó, danificadas e com goteiras; e uma mulher que ajudaria uma amiga, mãe de três crianças, a se livrar de uma relação abusiva. Felipe gastou R$ 33,5 mil.

Antenado com causas sociais, em agosto de 2020 um fato ganhou sua atenção por vários dias. Pelo Twitter, Felipe passou a monitorar a história de uma menina que, ao longo de anos, foi estuprada por um tio e engravidou aos 10 anos. Houve manifestações de entidades religiosas contrárias à decisão da família de optar por aborto assistido pelo Sistema Único de Saúde, previsto em lei. Os parentes da criança tiveram que recorrer à Justiça.

Embora vivesse no Espírito Santo, a menina fez o procedimento num hospital do Recife, depois que uma unidade de Vitória alegou "questões técnicas" para não realizá-lo. Na capital pernambucana, porém, religiosos promoveram um ato em que acusaram o médico responsável por assassinato.

A primeira manifestação de Felipe foi contra grupos fundamentalistas. Em seguida, anunciou que, "por não conseguir parar de pensar no sofrimento da menina", se prontificaria a arcar com os custos da educação dela até a faculdade. A sua reação levou o também youtuber Whindersson Nunes a prometer custear um tratamento psicológico para a criança pelo tempo que fosse necessário.

Felipe e Whindersson – acompanhados por outras celebridades como Bruno Gagliasso e Maria Gadú – também tiraram do próprio bolso, em janeiro de 2021, dinheiro para ajudar na compra de oxigênio para hospitais de Manaus. A capital enfrentava uma tragédia em decorrência da pandemia.

* * *

Para gerir seu patrimônio, Felipe conta, desde os tempos de Parafernalha, com a ajuda de Dona Rosa, sua mãe. Em 2019, ela passou a ficar à frente da Felipe Neto Participações Ltda, que centraliza os negócios em que o youtuber é dono ou sócio. "Minha mãe cuida de toda a parte financeira da minha vida, pois eu odeio administrar isso. Eu gosto de criar conteúdo. Não quero estar preocupado com a conta, com quanto tem que entrar, com a agência que tem que pagar, o cliente... Ela cuida de toda essa parte, coisa que ela é fenomenal fazendo", disse à jornalista Leda Nagle, em março de 2017.

Felipe teve sociedades também fora do mundo digital. Em novembro de 2017, ele criou a Neto's, rede de fast-food que tinha como principal produto coxinhas de frango. O negócio ia de vento em popa, até que, em agosto de 2019, ele se tornou vegetariano, movido por causas ambientais, e desistiu das lojas. "Sabe quando você tem a sensação de que fazia uma coisa errada, sabia que era errada, e as consequências daquilo, e te causava um peso na consciência? Eliminar aquilo fez com que eu me sentisse mais leve", registrou no Twitter.

Felipe também se tornaria sócio de negócios que ajudou a promover. O Vigia de Preço, site que monitora valores de produtos de grandes redes de varejo, é um deles. Porém, como no "Show da Black Friday" se tornou garoto-propaganda justamente de uma delas, a Americanas.com, isso inviabilizaria sua participação no site, por conflitos éticos. Sua saída foi formalizada em fevereiro de 2021.

19
DA ARQUIBANCADA
PARA O CAMAROTE

Em meio à rotina agitada, Felipe encontra tempo para relaxar. O futebol é uma válvula de escape. Desde 2018, ele banca o aluguel de um campo de futebol society na Avenida Ayrton Senna, na Barra da Tijuca. Até antes da pandemia, os encontros eram às segundas e quintas-feiras, à noite – e terminavam sempre na loja de conveniência de um posto de gasolina vizinho à quadra. Integram o escrete de peladeiros colegas de trabalho e amigos, quase todos botafoguenses.

Dono do campo, da bola, do apito e da lista de convidados, Felipe é um jogador esforçado, sem muitos recursos técnicos, o que ficou evidente no jogo entre influenciadores digitais, em 2017, no Maracanã, no evento de fim de ano organizado por Zico: foram duas furadas que viralizaram. Nas peladas, ele cobra dos companheiros como se fosse o técnico, mas sem exagerar. Recebe elogios quando assume a posição de goleiro, porque tem boa estatura e posicionamento. Quando era garoto, chegou a pensar em fazer testes em clubes profissionais.

Diferentemente da vida digital, Felipe não é de arrumar confusão. Na pelada, o papel cabe a Luccas, esse, sim, com boa técnica. Vez por outra o mais velho precisa controlar o caçula.

– Felipe é um jogador mediano, já que o nível da pelada é fraco. Mas no gol ele agarra bem – avalia um amigo próximo.

Os círculos de amizade de Felipe são basicamente dois: a turma do trabalho e os parceiros botafoguenses. Nos primeiros meses após se mudar para a Netoland, ele foi o melhor anfitrião que um amigo pode ter. Entre 2017 e 2018, promovia churrascos com frequência na mansão. Durante a Copa da Rússia reuniu mais de 30 pessoas para assistir aos jogos num telão. Tudo por conta da casa. Os convidados eram recebidos por Felipe e por Bruna, também querida pelo jeito brincalhão, parecido com o dele.

A Netoland foi sede de um festão com os amigos no réveillon de 2019. Um deles, da turma de botafoguenses, encarregou-se da música. Felipe quis incentivar a carreira do parceiro como cantor solo, que também animou a festa de carnaval, em 2020, na mansão da Barra, semanas antes de a pandemia explodir. Felipe não é de negar ajuda aos amigos, mas desde que de forma espontânea: não gosta, por exemplo, de pedidos para divulgar canais ou algo do gênero.

* * *

O Botafogo ocupa espaço importante na vida de Felipe, que vem de uma família que nunca ligou para futebol. Num de seus livros, ele conta que se tornou um torcedor apaixonado ao ver o Botafogo ser campeão brasileiro em 1995. Brinca que, ao longo da carreira, entrevistou figuras importantes do mundo digital e cultural, mas não teria estrutura emocional para conversar com ídolos como o atacante Túlio, herói do título de 1995, o goleiro Jefferson e o uruguaio Loco Abreu.

A aproximação entre Felipe e o clube começou com o pé esquerdo. Seu primeiro contato com os dirigentes foi em 2015. Diante da má fase do time na disputa da Série B do Campeonato Brasileiro, publicou em suas redes sociais uma "carta aberta" ao então presidente alvinegro, Carlos Eduardo Pereira: "Não é aceitável ser líder da série B apenas porque os outros times são tão ruins, mas tão ruins, que não conseguem somar pontos o suficiente para nos ultrapassar. Dizer que isso é digno de satisfação é praticamente cuspir na cara do torcedor e chamá-lo de palhaço, principalmente dos 11 mil presentes no empate patético contra o Luverdense". O desabafo não ficou sem resposta. "Não vou dar palanque a quem quer aparecer à custa do Botafogo", contra-atacou Pereira.

No fim daquele ano, já com o clube classificado para voltar à Série A, Felipe foi convidado para o lançamento do uniforme oficial da temporada, na sede de General Severiano. No evento, conheceu dirigentes, entre eles o então diretor de marketing, Márcio Padilha. Conversa vai, conversa vem, as rusgas ficaram para trás. No clube, porém, Felipe não gozava de tanto prestígio, embora em 2016 seu canal no YouTube tivesse mais de sete milhões de seguidores, enquanto o Botafogo somava em torno de três milhões de torcedores, segundo pesquisa do Datafolha.

Já ídolo na internet, Felipe se mantinha como mais um torcedor alvinegro. Era comum assistir aos jogos no Estádio Nilton Santos, o Engenhão, ou no Luso-Brasileiro, na Ilha do Governador, sempre na companhia de amigos botafoguenses igualmente fanáticos, entre eles João Pedro Paes Leme e Marcelo Adnet.

O elo definitivo entre Felipe e o Botafogo viria no fim de 2017. Ao lado de Márcio Padilha, ele anunciou, em entrevista no Engenhão, que a Neto's – sua franquia de coxinhas – iria patrocinar o clube. A iniciativa partiu do próprio Felipe. Uma parcela dos dirigentes torceu o nariz; achava que o time seria ridicularizado por ser apoiado por um youtuber.

O contrato que previa a exposição da marca no ombro da camisa era para apenas um jogo, contra o Palmeiras, em São Paulo. O clube definiu o valor na faixa dos R$ 50 mil, mas Felipe barganhou: ficou em cerca de R$ 30 mil, bancados pelo próprio youtuber, já que seus sócios na rede de franquias tinham dúvidas sobre a eficácia da ação de marketing.

Torcedores rivais fizeram piada. Para o clube, porém, a parceria rendeu frutos. No início de dezembro, o Botafogo saltou de 57 mil para 100 mil inscritos em seu canal no YouTube e, somente nos dois primeiros dias após o anúncio do patrocínio, a venda de camisas disparou 500%. Ainda no fim de 2017, o irmão Luccas promoveu no Engenhão uma manhã de autógrafos, fotos com mascotes e venda de produtos oficiais do clube e da franquia Neto's. Mais de sete mil pessoas foram ao estádio – a média de público do Botafogo na edição daquele ano do Brasileiro foi de dez mil torcedores. O clube ficou encantado com a exposição oferecida pelos irmãos Neto.

O patrocínio acabou prosseguindo por toda a temporada de 2018. Um acordo mais robusto foi celebrado, incluindo ações em redes sociais com a participação de Felipe e pagamento de R$ 600 mil ao Botafogo. Como contrapartida, Felipe recebeu um camarote exclusivo no Engenhão. Sua ida aos jogos exigia um apoio da segurança: eram escalados de três a quatro guarda-costas para acompanhá-lo. Embora fosse presença constante nas partidas, quando não podia ir, oferecia o espaço a amigos e parentes. Até a avó, Dona Maria, com mais de 90 anos, assistiu a jogos no estádio.

Ter o nome como patrocinador não impedia Felipe de criticar o time. Nas redes sociais, mantinha o estilo "corneta", referência ao torcedor que sempre reclama do que acontece em campo. Já nos bastidores, perturbava dirigentes após uma derrota ou diante da atuação ruim de um ou outro jogador.

O envolvimento de Felipe com o Botafogo, no entanto, vai além do patrocínio. A dificuldade financeira, uma constante na história do time alvinegro, dificultava a contratação de bons jogadores. O departamento de futebol listara para a temporada de 2018 o nome do atacante uruguaio Rodrigo Aguirre, de 23 anos. A torcida se animou e iniciou uma campanha nas redes sociais para sua aquisição. Diante da falta de recursos, é comum a cotização entre torcedores mais abastados. Felipe entrou no rachuncho: emprestou R$ 175 mil. Aguirre foi contratado em março e deixou o clube no fim daquele ano, tendo marcado apenas um gol. Em 2020, o youtuber disse que perdoava a dívida.

Antes de 2018 terminar, Felipe Neto organizou um jogo beneficente no Nilton Santos. Fazia um calor insuportável no Engenho de Dentro, bairro onde fica o estádio. Às 11h de um domingo, 9 de dezembro, um dos setores do Engenhão estava completamente lotado por milhares de torcedores não só do Botafogo, mas dos rivais Flamengo, Fluminense e Vasco. Muita gente ali nem ligava para futebol: era fã de Felipe.

A partida reuniu alguns dos seus amigos contra um combinado montado pela Rádio Tupi, emissora carioca de estilo popular e forte na cobertura esportiva. Foram arrecadadas mais de três toneladas de alimentos, doadas a instituições da cidade. A pelada rendeu também uma lesão no ligamento do tornozelo direito de Felipe, que exigiria alguns meses de fisioterapia.

* * *

Com o fechamento das lojas de coxinha Neto's, Felipe ofereceu para a temporada de 2019 o patrocínio da marca Vigia do Preço, da qual era sócio. O logotipo ficaria na altura do peito, entre o escudo do Botafogo e o nome do fornecedor de material esportivo, a Topper. Foi também no início de 2019 que, por pouco, o youtuber não se tornou dirigente. Convidado para comandar a comunicação do clube, rascunhou um projeto de marketing, mas desistiu. Postou nas redes sociais que suas atribuições naquele momento não o permitiriam assumir tal responsabilidade.

Mas no início de 2020, sem alarde, Felipe participou da reformulação da comunicação do Botafogo. De forma extraoficial, ele ajudou no marketing e desenvolveu algumas campanhas. Uma delas fez sucesso nas redes sociais: o anúncio da contratação do jogador japonês Keisuke Honda. O vídeo simulando o desenho "Pokemón" e anunciando a novidade no time foi compartilhado até por torcedores rivais. "Toquei *(o departamento de comunicação)* quando as pessoas comentaram que havia mudado alguma coisa. Mas não durou muito. Na hora que precisei tomar uma decisão, eu recebi um não", disse numa live para o canal do jornalista Thiago Franklin, no YouTube, porém, sem dar nomes de dirigentes nem revelar o que lhe fora negado.

Felipe também teve seu nome cogitado entre os possíveis investidores no projeto clube-empresa do Botafogo. Por conta das dívidas, o alvinegro entregaria a gestão do futebol a investidores; o youtuber considerava ser "a única forma de o Botafogo sobreviver no longo prazo".

O problema é que coração de torcedor fala mais alto. Em outubro de 2020, após uma derrota do time na Copa do Brasil por 1 a 0 para o Cuiabá, clube que até então era da segunda divisão do Campeonato Brasileiro, ele desabafou diante das dificuldades de o projeto sair do papel. Felipe contou detalhes – que não havia como provar e pelos quais teria de pedir desculpas depois – sobre como os dirigentes inviabilizaram o projeto por questões políticas e lamentou a saída do empresário Laércio Paiva, ex-CEO do Banco Votorantim, responsável por montar o plano de oferta aos investidores. Abriu o jogo também sobre com quanto iria contribuir: R$ 3 milhões.

Felipe ainda disparou contra os irmãos João e Walter Moreira Salles, botafoguenses, que, segundo ele, faziam jogo duro para participar do projeto clube-empresa. Ambos são sócios do Banco Itaú, com fortuna estimada em US$ 1,9 bilhão cada. O youtuber defendia que eles investissem R$ 130 milhões no futebol, valor que considerava razoável, e protestou contra a insistência dos dois em aportar milhões em um centro de treinamento, enquanto o clube lutava para pagar contas de água e luz.

O caso reacendeu algumas desconfianças que grandes beneméritos e conselheiros alvinegros tinham de Felipe. Uma delas é a de que ele "fala muito e entrega pouco", apesar dos patrocínios e da oferta de alguns milhões a um projeto para salvar o clube. Suas opiniões eram tratadas como "café com leite", uma forma de dizer que Felipe falava sobre algo que conhecia pouco. Até abril de 2021, o Botafogo não concluíra o plano de se tornar um clube-empresa.

Diante do histórico de frustrações, seria natural que Felipe deixasse o Botafogo de lado. Mas sua agenda até hoje é organizada em função do calendário de jogos do time. Seus compromissos são marcados em horários que não o impeçam de assistir a uma partida.

Em 20 de janeiro de 2019, véspera de seu aniversário de 31 anos, ele organizou um churrasco na Netolab, no condomínio Novo Leblon. Era um domingo. Mais de 50 pessoas foram convidadas, entre amigos, colegas de trabalho e parentes, para um encontro que se estendeu até a noite, com música, futebol, comidas e bebidas. Por volta das 18h, porém, o dono da festa sumiu: foi para a Netoland, no condomínio Quintas do Rio, acompanhar a estreia do Botafogo no Campeonato Carioca contra a Cabofriense, em Macaé. O jogo terminou às 21h, com a derrota do Botafogo por 3 a 1. Felipe não retornou para apagar as velas e cortar o bolo do aniversário.

20
O DUELO
FELIPE X JAIR

A vida de Felipe Neto nos últimos anos é acompanhada diariamente por cerca de 70 milhões de perfis que o seguem, distribuídos por Instagram, Twitter e YouTube. Sem contar os curiosos, que esbarram em algum vídeo ou postagem que viralizou. Seu alcance é capaz de pautar debates e direcionar consumos, comportamentos e ideias políticas, tópicos que valem ouro num mundo conectado. Sua relevância é motivo de estudo de especialistas, gera interesse de empresas, de marcas e mesmo de adversários. Muita gente quer se aproveitar desse capital, seja endossando ou atacando suas posições.

O poder político de Felipe se consolidou com a repercussão das suas manifestações a partir de 2018, principalmente no Twitter. Ele enfatiza que há uma diferença na forma de se comunicar com o público: seu canal no YouTube é voltado para entreter e suas redes sociais, usadas como megafone do que pensa e contra o que o incomoda.

"Sempre fui, sou e serei #EleNão", disse Felipe em 26 de setembro de 2018, em seu Twitter, antes, portanto, do primeiro turno das eleições para presidente, em referência à campanha criada nas redes sociais contra Jair Bolsonaro. Até aquele momento, o influenciador fizera comentários em entrevistas ou postagens sobre o então candidato à presidência, indicando que Bolsonaro representava o oposto do que imaginava para a sociedade.

Os anos de Bolsonaro no comando do país, a partir de 2019, trouxeram Felipe para a primeira fileira de combatentes por meio das redes sociais, YouTube e entrevistas à mídia tradicional. "Estamos oficialmente contra um regime fascista. E quem se cala é fascista. Ponto final", disse em um vídeo no Instagram em maio de 2020.

A postura de Bolsonaro em relação à pandemia, minimizando e desdenhando do coronavírus, chocou o mundo. Felipe foi o escolhido para gravar um editorial para o site do "The New York Times", jornal norte-americano de alcance global, com mais de cinco milhões de assinantes, levado ao ar em 15 de julho. Ao todo, foram mais de seis minutos de opinião, com o título "Donald Trump não é o pior presidente na pandemia. É só perguntar aos brasileiros". O material foi produzido e gravado em sua casa, no Rio – em abril de 2021, já tinha 1,4 milhão de visualizações no canal do "NYT", no YouTube.

O principal jornal do mundo considerou mais atraente dar voz a uma figura pública de relevância usando justamente os canais digitais. Um texto de Felipe poderia não ter a mesma repercussão do vídeo, que mostrou trechos de suas piadas na internet e a opinião dele em inglês, recheada de argumentos provocativos a Bolsonaro e Donald Trump. À época, o Brasil somava 72 mil mortos pela Covid-19.

– Queremos alcançar novos públicos enquanto mantemos nossos padrões editoriais. Nós pensamos que uma maneira de fazer isso é combinar questões sociais e políticas importantes com uma narrativa visual envolvente – explica Adam Ellick, diretor e produtor-executivo da área de vídeos de opinião do "The New York Times", em entrevista por e-mail.

Não é comum um brasileiro ter espaço para comentar a política do país num jornal de alcance internacional como o "The New York Times". Desde a ascensão de Bolsonaro, o periódico vem publicando matérias sobre sua postura diante de movimentos sociais, o histórico relacionado à ditadura, a política voltada para a exploração da Amazônia e, com a pandemia, a visão negacionista que contribuiu para a explosão no número de mortes.

– Já visitei o Brasil várias vezes e acompanho o país de perto, então tenho uma rede de contatos. Percebi o aumento da taxa de mortalidade da Covid-19 e a evidência estatística mostrou uma tragédia humana. Comecei a procurar minha rede no Brasil na tentativa de encontrar uma nova voz que pudesse transmitir essa mensagem em vídeo para nosso público internacional – diz Ellick.

Os milhões de apoiadores de Bolsonaro, claro, reagiram. Felipe recebeu uma saraivada de acusações nas redes: uma "ameaça à família", alguém que busca "desvirtuar as crianças" com seu trabalho e posicionamentos liberais. Em menos de dez dias, milhares de vídeos foram postados na internet relacionando Felipe à pedofilia e à política de identidade de gênero. Eram produções amadoras, com a inclusão de imagens falsas, trechos de gravações fora de contexto e a reprodução de postagens criadas com ferramentas digitais.

A seção "Fato ou fake", do Grupo Globo, levou ao ar três matérias desmentindo tais informações. A primeira delas dava conta de uma fantasiosa intenção de Felipe em criar o conceito de "idade fluída", com o aval do Supremo Tribunal Federal, para justificar a pedofilia. Outra continha uma montagem com um tuíte culpando "crianças gostosas" pela pedofilia. A terceira, também fabricada, atribuía ao youtuber a frase "criança é que nem doce, eu como escondido".

A retirada de vídeos e postagens do ar é possível por meio de denúncias nas próprias redes, feitas por quem se sente atacado. Felipe reuniu uma equipe voltada especialmente para essa missão: especialistas em conteúdos digitais que assumiram o papel de investigadores, rastreando postagens falsas e as reportando às plataformas. Em menos de 48 horas, entre os dias 27 e 28 de julho, mais de 1.900 vídeos foram retirados do ar. A maioria deles com acusações de pedofilia.

Segundo pesquisa do Laboratório de Mídia do Massachusetts Institute of Technology (MIT), um dos centros de tecnologia mais respeitados do mundo, notícias falsas publicadas no Twitter têm um potencial de disseminação seis vezes maior se comparadas a materiais jornalísticos apurados com base em fatos, relatos e documentos.

Dos dias 22 a 28 de julho foram mais de 1,2 milhão de menções ao influenciador no Twitter, de acordo com a consultoria Arquimedes, que monitora o comportamento nas redes sociais. O pico foi no dia 28, com cerca de 500 mil citações. Somente a hashtag #todoscontraFelipeNeto teve mais de 460 mil menções em seis dias. "A título de comparação, nessa mesma semana, referências a uma vacina contra a Covid não passaram de 600 mil. Felipe teve o dobro de citações comparado a um dos temas mais quentes", avaliou Pedro Bruzzi, responsável pela Arquimedes, em entrevista ao jornal "O Globo".

Segundo a plataforma, os ataques se dividiram. Do total de menções, 49% foram contrárias ao youtuber. Já sua defesa, formada majoritariamente por fãs e por perfis tidos como progressistas, ocupou 45% das manifestações. A ação contra Felipe indicou planejamento prévio. Um levantamento da equipe do youtuber consolidou os termos frequentemente associados a ele durante os dias de linchamento virtual. As palavras recorrentes foram "pedófilo", "crianças" e "sexo".

Felipe teve o apoio de artistas, senadores e deputados, entre eles o então presidente da Câmara dos Deputados, Rodrigo Maia. A Ordem dos Advogados do Brasil liderou um manifesto em sua defesa, com o apoio de 36 associações e representações de classe, todas ligadas aos direitos constitucionais, casos da Associação Juristas pela Democracia (ABJD), do Centro Acadêmico XI de Agosto – Direito USP e do Instituto de Defesa do Direito de Defesa (IDDD). "O cidadão Felipe Neto tem o direito, como todos nós temos, de se posicionar. Concordemos ou não com suas manifestações e posições, fato inconteste é que está ele protegido por nossa Constituição Federal", diz um trecho da nota da OAB, que continuava: "A intenção dessa campanha difamatória ultrapassa, e muito, os limites da crítica, os limites protegidos pelo constitucional direito de se expressar, ao atribuir a Felipe Neto ações que inclusive podem constituir a prática de crimes".

* * *

Em 29 de julho, o digital passou ao mundo real. Um grupo que se autodeclarava conservador, formado por apoiadores de Jair Bolsonaro, foi até a entrada do condomínio de Felipe para protestar. Os manifestantes eram liderados por Leandro de Souza Cavalieri Valle, autointitulado "Cavalieri, guerreiro do Bolsonaro". Ele ficou conhecido também por participar do ataque contra a sede do STF, em Brasília, um mês e meio antes, em 13 de junho. Felipe recorreu à Justiça contra Cavalieri por crimes de injúria e difamação.

"Destruidor de famílias brasileiras! Mulambo! Nós não aceitamos mais essa vergonha desse jovem rapaz que influencia o teu filho a favor dessa organização criminosa que existe no Brasil (...) incentivadora de coisas erradas", disse Cavalieri, em vídeo anexado aos autos do processo. Felipe também o acusou de ameaça por um vídeo em que aparecia falando: "É, Felipe Neto, a gente vai se encontrar em breve. Eu quero ver se tu é macho. Teus seguranças não me intimidam, não".

Em 30 de julho, a perseguição levou Felipe Neto à TV. Uma reportagem de seis minutos foi ao ar no "Jornal Nacional", da Rede Globo, o principal do país. Ele não parecia nervoso na entrevista, gravada no escritório da sua mansão. Sua preocupação com os ataques, além dos danos à imagem, da necessidade de reforçar a segurança pessoal e do incômodo aos vizinhos, era mostrar que discordâncias no mundo virtual colocaram sua vida em risco.

As acusações de pedofilia foram o centro de seu depoimento. "Eu nunca imaginei que fosse passar por isso. Não dei qualquer indicação que pudesse levar alguém a me associar a esse crime tão perverso e odioso. Ver isso acontecendo, de as pessoas não terem nada para falar sobre mim e inventarem postagens, como se eu tivesse escrito, mostra o quão vil é o coração dessas pessoas", disse na entrevista. O empresário ficou de máscara o tempo inteiro. A gravação foi feita no início da tarde do dia 30, sem a necessidade de cortes ou edição.

A relevância de Felipe frente ao bolsonarismo só fez disparar em 2020. Levantamento da empresa de pesquisa e estratégia Quaest mostrou que, entre 15 personalidades brasileiras que abordavam temas relacionados à política, Felipe era o que mais se aproximava de Bolsonaro em repercussão. O índice de popularidade considera a presença digital (número de perfis ativos), fama (seguidores e capacidade de crescimento), engajamento (reações e comentários), mobilização (compartilhamentos de conteúdos), valência (proporção entre as reações positivas e negativas) e interesse (buscas no Google, YouTube e Wikipédia). Numa escala de até 100 pontos, o presidente liderou com 79,6, seguido de Felipe, com 54,1. O nome do influenciador foi alavancado por seu posicionamento sobre temas sensíveis a quem se opõe a Bolsonaro, tais como políticas raciais, homofobia, identidade de gênero, liberdade de expressão e democracia.

Outro exemplo da relevância de sua opinião é o estudo do Núcleo Jornalismo, voltado para análises políticas. A instituição avaliou mais de um milhão de manifestações sobre Jair Bolsonaro entre março e abril de 2020, quando a pandemia parou o país. Felipe foi responsável por 19 manifestações, todas, naturalmente, negativas ao governo, que geraram 2,02 milhões de interações. O segundo lugar nessa lista foi de Guilherme Boulos, candidato à presidência da República pelo PSOL em 2018 e à prefeitura de São Paulo nas eleições de 2020. Suas manifestações resultaram em 550 mil interações. A pesquisa concluiu que Felipe teve mais relevância também do que Fernando Haddad, Marcelo Freixo, Ciro Gomes e outros políticos de oposição a Bolsonaro.

"O manifesto de Felipe Neto contra os avanços autoritários de Bolsonaro e sua convocação dos influenciadores, celebridades e intelectuais públicos digitais para reagir ao perigo que isso representa para a democracia e a nossa vida são provavelmente o material mais vigoroso de reação ao bolsonarismo produzido desde o início da pandemia", escreveu Wilson Gomes, doutor em filosofia e professor titular da Faculdade de Comunicação da UFBA, em artigo publicado no site da revista "Cult". Uma figura fora do espectro político-partidário se tornaria uma das vozes mais ressonantes contra o bolsonarismo.

* * *

Em 15 de março de 2021, Felipe recebeu em sua casa uma intimação da Delegacia de Repressão a Crimes de Informática (DRCI) para prestar depoimento. A acusação partiu de Carlos Bolsonaro, um dos filhos do presidente e vereador no Rio de Janeiro, que registrou ocorrência contra o youtuber por calúnia e crime à Segurança Nacional: "Trata-se de petição protocolada nesta Unidade Policial onde consta como vítima o presidente da República Jair

Messias Bolsonaro, o qual é vítima de calúnia baseada no artigo 26 da Lei 7.710/83 – sendo autor o Sr. Felipe Neto Rodrigues, que de posse de seu Twitter: @felipeneto – no dia 04 de março de 2021, por volta das 14:58, em uma publicação acusa o presidente de 'genocida'. Visto isso a autoridade policial determinou a feitura do presente procedimento".

No documento assinado por Carlos e apresentado ao delegado Pablo Dacosta Sartori, Felipe ainda foi acusado de "associação criminosa". O 02, como é conhecido o vereador, usou como exemplo para o "crime" cometido pelo influenciador a prisão do deputado federal Daniel Silveira, do PSL do Rio, ocorrida um mês antes. O parlamentar foi detido após fazer apologia à ditadura militar, cobrar o fechamento do STF e ameaçar o ministro Alexandre de Moraes.

O post de Felipe que gerou a ira de Carlos foi um vídeo com colagens de entrevistas de Bolsonaro e apenas uma palavra escrita: "Genocida". "A clara tentativa de silenciamento se dá pela intimidação. Eles querem que eu tenha medo, que eu tema o poder dos governantes. Já disse e repito: um governo deve temer seu povo, NUNCA o contrário. Carlos Bolsonaro, você não me assusta com seu autoritarismo", reagiu o influenciador em seu Twitter, no mesmo dia 15 de março.

Felipe recebeu apoio de lideranças políticas, culturais e de instituições da sociedade civil. A Ordem dos Advogados do Brasil classificou a ação como "flagrantemente ilegal" – a Polícia Civil do Rio não teria competência para esse tipo de abordagem. Luiz Inácio Lula da Silva, Ciro Gomes, Marina Silva, Marcelo Freixo e Guilherme Boulos, para citar algumas das lideranças políticas, mandaram mensagens de solidariedade.

A consequência imediata para Bolsonaro foi ver a palavra "genocida" ganhar a internet. Um levantamento do pesquisador Fábio Malini, da Universidade Federal do Espírito Santo (Ufes), identificou 330 mil tuítes com o termo apenas no dia 15 de março. Três dias depois, a investigação foi suspensa, em caráter liminar, por ordem do Tribunal de Justiça do Rio, que acatou os argumentos dos advogados de Felipe. Em maio de 2021, a juíza responsável pelo caso arquivou o inquérito em definitivo.

21
PRESTÍGIO
SOB OS HOLOFOTES

A voz de Felipe ganhou um peso incomum desde as eleições de 2018. Sua opinião despertou o interesse de redomas políticas e jornalísticas, antes reservadas a agentes públicos e especialistas. É o caso do "Roda viva", o programa de entrevistas criado em 1986, apresentado pela TV Cultura. Felipe foi o convidado do dia 18 de maio de 2020, em meio à pandemia.

"Nosso convidado desta noite deu um nó na cabeça de muita gente. Dono de um canal no YouTube com 38 milhões de inscritos e de um perfil no Twitter com mais de 11 milhões de seguidores, ele alcança mais pessoas em suas publicações que o presidente Jair Bolsonaro muitas vezes. E isso talvez explique o rebuliço da sua presença aqui", disse a jornalista Vera Magalhães na abertura do programa.

A entrevista abordou um variado cardápio temático: posicionamento político, ódio do PT, impeachment de Dilma, canal no

YouTube e governo Bolsonaro. Nas redes sociais, sua participação foi comentada pelo apresentador Luciano Huck, pelo humorista Marcelo Adnet, pelos atores Bruno Gagliasso, Fernanda Paes Leme e Letícia Colin, pelo cantor Lulu Santos, entre muitos outros nomes do meio artístico.

Foi a sétima entrevista mais assistida do "Roda viva" no YouTube. Somava, até abril de 2021, 2,7 milhões de visualizações, atrás das de Jair Bolsonaro, em 2018 (com dez milhões de visualizações), do político já falecido Enéas Carneiro, em 1994 (5,7 milhões), do biólogo Atila Iamarino, em 2020 (3,7 milhões), do rapper Mano Brown, em 2007 (3,6 milhões), do ex-juiz Sergio Moro, em 2018 (3,2 milhões), e do escritor Lair Ribeiro, em 2007 (3,1 milhões).

Não deixa de ser paradoxal a presença de Felipe na mídia tradicional. Antes de explodir como símbolo do politicamente correto, o influenciador abriu uma trincheira contra jornais e revistas de grande circulação e canais de te'evisão, em especial os abertos. Em 2017, ele sustentava que o seu canal, o de Luccas e de outros youtubers seriam alvos das mídias não digitais. "Galera, a velha mídia – por velha mídia eu falo site de notícias, jornais impressos, revistas impressas –, tirando um ou outro, está morrendo. A receita cai ano a ano. Nós, no Brasil, somos um reflexo do que acontece nos Estados Unidos, então podem ter certeza absoluta: esse tempo está chegando. Nós vamos virar alvo da 'velha mídia'", disse em um vídeo não mais disponível em seu canal.

Em 2018, reportagens da chamada mídia tradicional, de fato, questionavam o valor do conteúdo apresentado nos canais de Felipe e de Luccas, indicando que ambos abusavam de temas pouco recomendados a crianças e adolescentes. O jornal "O Globo", por exemplo, tratou da cobrança de pais sobre o estímulo ao consumo de doces e fast-food feito pelos youtubers, enquanto a colunista do "Estado de S. Paulo" Rita Lisauskas escreveu um artigo com o título "Não adianta a luta diária para educar os nossos filhos se eles assistirem ao Felipe Neto", sobre um suposto incentivo do influenciador ao *bullying*.

Felipe postou um vídeo rebatendo as críticas do "Globo" dirigidas a Luccas: lembrou que o irmão havia alterado seu perfil no YouTube, além de ter deletado peças não recomendadas a menores de 12 anos. Em sua defesa, mencionou que o conteúdo não fazia incentivo ao *bullying*, e convidou as pessoas a assistirem "alguns vídeos" do seu canal. Felipe reclamou da mídia não digital e de reportagens que definiu como "mal-intencionadas": "O YouTube mexeu com a comunicação tradicional. Deu voz a quem queira ter um canal próprio e contar suas próprias histórias. Nenhum comunicador do país precisa mais de uma grande empresa para ter voz. Todos podem ter a sua voz".

* * *

A relação de Felipe com os grandes veículos ganharia novos contornos a partir de 2019. Ele se tornou assunto não só pelo conteúdo dos vídeos, mas também pelas ações socioeducativas e de combate à censura – caso da Bienal – e pelas críticas à gestão pública no Brasil e no mundo. "As pessoas começaram a compartilhar porque passaram a se sentir representadas em relação ao que eu estava postando. Nunca foi uma posição que almejei. Nunca escrevi um plano para 'virar um comunicador político'. Hoje, eu sei que tenho um papel que se tornou até mais sério do que tinha planejado", disse em entrevista à GloboNews, em agosto de 2020.

Felipe, porém, não mudou o enfoque em relação à chamada mídia tradicional. Na própria entrevista à GloboNews, questionou a emissora por dar espaço a negacionistas durante o combate à Covid-19, como o então deputado federal Osmar Terra, crítico do isolamento social. "Toda semana ele fala que a próxima semana é o fim constatado da pandemia. Ele está falando isso desde março.

Falou que iam morrer mil pessoas e continua até hoje arrotando que está certo em relação à pandemia. (...) Sentar com essas pessoas, para mim, é validá-las", desabafou.

Felipe também se queixou da postura da CNN Brasil pelo mesmo motivo. No início da pandemia, Osmar Terra foi convidado a falar do assunto e fez uma projeção de que o Brasil não iria além da marca de dois mil mortos pela doença. "O CEO da CNN Brasil, Douglas Tavolaro, escreveu um artigo defendendo o direito de negacionistas usarem a emissora como palanque de suas ideias e ainda chamou quem não aceita isso de 'não admitir o contraditório'. Uma vergonha", escreveu o youtuber no Twitter. Ele ainda exibiu a mensagem que enviou para Tavolaro no WhatsApp, perguntando quando ele levaria ao seu canal "supremacistas brancos para falar sobre racismo" ou um "neonazista para debater sobre o holocausto".

É comum Felipe opinar a respeito das coberturas jornalísticas; faz comentários sobre formatos de reportagens, apuração e importância das pautas. Ele se sente no papel de um *ombudsman*, o representante da audiência que avalia a qualidade do conteúdo publicado. Até porque é um consumidor voraz de informação. Recorre ao celular quando acorda para ler ou assistir às notícias do dia – nas versões digitais de jornais, revistas e emissoras – e usa o Twitter e o Instagram para comentá-las em vídeos curtos.

***

O peso de seu nome abriu várias frentes. Em maio de 2020, Luís Roberto Barroso, ministro do Supremo Tribunal Federal, assumiu a presidência do Tribunal Superior Eleitoral (TSE) com a missão de organizar as eleições municipais de novembro, em meio à pandemia. O TSE avaliou convidar figuras públicas e influenciadores para incentivar o comparecimento às urnas. Nos bastidores foi lembrado o nome de Felipe Neto, mas houve um impasse: ter como garoto-propaganda um nome declaradamente contrário a Bolsonaro poderia colocar em xeque a imparcialidade da gestão de Barroso.

O teste para saber se era boa ideia chamar Felipe foi em julho. O site JOTA, veículo de mídia voltado para o universo jurídico, convidou Barroso e o youtuber para um webinar, espécie de live em formato de debate. O ministro abordaria, entre outros temas, juventude e política. Antes do evento, houve um encontro virtual entre os dois para alinhar os tópicos. Barroso se preparou para o bate-papo com informações dos dois filhos, na faixa dos 25 anos. O ministro usou os cerca de 40 minutos da conversa para ouvi-lo sobre o momento do país. "Quem é Felipe Neto? Conte-me mais sobre você", pediu Barroso, na abertura do papo.

O ministro ficou bem impressionado e ambos continuaram a conversa pelo WhatsApp. O principal tema nas mensagens reservadas foi a proliferação das fake news. Em Brasília, porém, havia uma pressão para cancelar o encontro. Barroso podia não ter ideia exata do quanto e o que Felipe Neto representava, mas os comentários que se seguiram ao anúncio do webinar deixaram claro se tratar de um canhão midiático. O ministro convenceu os pares e assessores, apontando para a representatividade de Felipe junto aos jovens. A live foi ao ar em 30 de julho.

"O amor engaja menos do que o ódio. Sempre foi assim. É provável que a gente sempre tenha dentro do que é inflamado, do revoltado, do histriônico, um engajamento maior. Enquanto progressistas e até conservadores mais ponderados, com vontade de dialogar e conversar, passaram a ficar escanteados, você vê pessoas gritando, xingando e babando, ganhando seguidores e promovendo ódio. Isso atrai tanto o jovem quanto o mais velho, não tem idade", comentou Felipe no webinar com Barroso.

O TSE veiculou campanhas ao longo dos meses que antecederam a eleição, com o médico Drauzio Varela, a atriz Camila Pitanga e o biólogo Atila Iamarino. Mesmo não tendo participado, Felipe ganhou o respaldo de agentes públicos do primeiro escalão, fato que gerou críticas. Silas Malafaia, por exemplo, gravou um vídeo com o título "ABSURDO! MINISTRO BARROSO, REDE GLOBO, OAB E RODRIGO MAIA DANDO CARTAZ A FELIPE NETO" e postou em suas redes sociais em 3 de agosto. "Eu represento milhões de brasileiros que pensam da mesma maneira. E nós somos a maioria. Não vamos ser afrontados por essa gente, por interesses econômicos, políticos e de lixo moral", foi uma das frases do pastor, entre outros ataques ao youtuber.

As acusações resultaram em mais uma queixa-crime de Felipe Neto contra Malafaia, por difamação e injúria, anexada ao processo da Bienal do Livro. A menção do pastor a Rodrigo Maia ocorreu porque Felipe fora chamado pelo então presidente da Câmara, em agosto, a opinar sobre o projeto das fake news, após aprovação no Senado Federal.

A maior crítica do youtuber ao texto era a responsabilização das redes sociais pelo conteúdo dos usuários, o que, segundo ele, abriria margem para as plataformas atuarem como tribunais. Em postagens no Twitter, Felipe disse que o projeto "ataca de maneira bizarra a privacidade e a segurança das pessoas". Dois pontos em especial o incomodavam: a possibilidade de rastrear mensagens no WhatsApp e a exigência de identidade e CPF para a abertura de contas em redes sociais.

Felipe participou de discussões em dois momentos, amparado por opiniões técnicas dos advogados Ronaldo Lemos e Caio Machado, especialistas em direito digital e pesquisadores sobre os efeitos do compartilhamento de informações falsas nas redes sociais. Tentou, em vão, convencer o senador Angelo Coronel, relator do tema, sobre seus questionamentos.

Na Câmara, foi criado um grupo de trabalho reunindo representantes das plataformas – Google, Twitter, Facebook, entre outras – e entidades ligadas ao assunto. Felipe também não era o único youtuber ou figura essencialmente digital no debate. Gregorio Duvivier participou das discussões, apoiou o texto aprovado no Senado e depois recuou: "Parece que a lei é uma bosta. Mas não significa que qualquer regulamentação seja maléfica".

Outro nome que contribuiu foi Nilce Moretto, conhecida na internet pelos canais Coisa de Nerd, Cadê a Chave?, República Coisa de Nerd e Financeiro. "É unânime, entre todos esses especialistas, que estamos caminhando para o caos com esse projeto de lei. Será que todo mundo que respira o assunto 24 horas por dia há anos está errado?", questionou Nilce em agosto, em entrevista ao "Estado de Minas". Até abril de 2021, o projeto não havia saído do lugar. A proximidade das eleições municipais, marcadas para novembro do ano anterior, tirou o foco do tema.

* * *

A projeção de Felipe ganhou métricas. A partir de 2018, o Ibope/Repucom o adicionou ao seu Celeb Score, parâmetro que calcula a representatividade de uma figura pública quanto aos atributos beleza, comportamento, estilo de vida e influência. Fazem parte até 50 nomes relevantes ou de grande exposição. Além de Felipe, também são avaliadas recorrentemente figuras como Neymar, a cantora Anitta e a atriz Bruna Marquezine.

Na primeira pesquisa com o nome do influenciador, num universo de 96,4 milhões de pessoas, todas acima de 16 anos e com acesso à internet, 49,6% já tinham ouvido falar de Felipe Neto. Isso soma quase 50 milhões de consumidores. De acordo com a enquete, ele é conhecido em percentuais semelhantes por homens e mulheres e obteve as maiores notas nos seguintes aspectos: sempre conectado, bem-sucedido, polêmico, formador de opinião e de fácil linguagem com o público jovem.

A pesquisa desperta interesse nos meios comerciais e políticos, e o resultado das avaliações ajuda a guiar empresas na publicidade. O perfil de Felipe se adequa a mensagens sobre aparelhos eletrônicos, mercado de games, serviços de internet e redes de comércio eletrônico. Em contrapartida, o nome dele seria desaconselhado a uma companhia que não queira associar sua imagem a alguém de forte posicionamento político e social.

Em dezembro de 2020, em entrevista ao UOL, Felipe contou que foi preterido para duas campanhas publicitárias por suas manifestações contra o governo federal. "Eu perdi dois contratos no valor de R$ 7 milhões por ser contra o governo Bolsonaro, somente esse ano. Eu entendo que outros influenciadores e artistas tenham medo disso. Eu não podia perder esses dois contratos. Mas estou disposto a perder. Fui criado dessa forma, para lutar contra a injustiça", disse.

Suas opiniões, não só políticas, já tinham causado prejuízo na conta bancária. Uma rede de fast-food suspendeu um patrocínio de R$ 470 mil após Felipe anunciar ser vegetariano. "Não foi minha a decisão de cancelar o contrato", disse na entrevista ao "Roda viva", sem perder a chance de ironizar o fato de a empresa ter lançado um sanduíche vegetariano pouco tempo depois da rescisão.

22
EM NOME
DA FAMÍLIA

A quantidade de batalhas travadas por Felipe Neto – não só na área comercial, mas em tribunais – cresceu proporcionalmente a sua exposição. As polêmicas são frequentes, algumas antigas. Felipe vive no olho do furacão, independentemente da embalagem de seu conteúdo. Publicado em 2017, o livro "Felipe Neto: a trajetória de um dos maiores youtubers do Brasil" (selo Coquetel, da Ediouro) vendeu, segundo o site PublishNews, especializado no mercado editorial, 110 mil exemplares até o fim daquele ano; ficou em primeiro lugar no disputado segmento infanto-juvenil. O livro, de 64 páginas e formato grande, de revista, é uma espécie de almanaque para a garotada, com passatempos, jogos e um resumo da carreira de Felipe, com fotos e ilustrações.

Apesar do sucesso, houve questionamentos. Uma seção trazia a enquete "Casa, mata ou trepa", que funcionava da seguinte forma: eram apresentados três nomes famosos ao leitor para que escolhesse com quem casaria, quem mataria ou com quem teria relações sexuais. Não era algo inventado por Felipe; a brincadeira já circulava nas redes sociais. Uma das opções trazia o jogador Neymar, a atriz Fernanda Souza e a youtuber Viih Tube. Felipe deu como exemplo trepar com o atacante da seleção brasileira, casar com a artista e matar a youtuber.

Vitória Moraes, a Viih Tube, que venceu uma batalha judicial contra Luccas por um vídeo postado um ano antes, em que a chamou de "Viih Red Tube" em referência a um site pornográfico, recorreu à Justiça por ter o nome citado na brincadeira, sem autorização. A youtuber, menor de idade à época, cobrou R$ 67 mil por danos morais. Em 2020, Felipe e a Ediouro fizeram um acordo e pagaram R$ 7.358,39.

Felipe enfrentou outros processos relacionados a Viih Tube. Em 2017, os pais da youtuber entraram na Justiça, separadamente, cobrando danos morais de Felipe, por ter sugerido no Twitter que eles exploravam a filha, que maltratavam produtores e que mantinham relacionamentos sexuais com executivos da área de publicidade. Ao pai de Viih Tube, Fabiano Macedo, Felipe foi condenado a pagar uma indenização de R$ 10 mil, além de se retratar publicamente. Já Viviane Felício, mãe da jovem, não teve sucesso. Em agosto de 2020, a juíza responsável pelo caso negou-lhe o pedido de indenização de R$ 40 mil. Até abril de 2021, o caso estava em grau de recurso no Tribunal de Justiça de São Paulo.

Além da briga na Justiça por conta do livro, a internet foi usada para denunciar uma suposta intenção do influenciador de oferecer conteúdo impróprio. Passou a circular a teoria de que Felipe ensinaria crianças e adolescentes a acessarem fóruns na *deep web* – conteúdo não disponível nas ferramentas tradicionais de buscas, alcançados apenas através de programas específicos. A *deep web* é um ambiente que escapa a filtros, onde circulam conteúdos de pedofilia, discursos de ódio e grupos que incentivam suicídio.

A tal teoria surgiu depois de um vídeo postado por Felipe em setembro de 2016, com o título "O pedófilo (O que você não sabe) [+18]", cujo tema era um suposto pai pregando abertamente o crime. Nele, o youtuber explica o que são "chans", termo que define fóruns anônimos na *deep web*. Felipe justificou, à época, que fez o vídeo para explicar a gravidade do assunto e incentivar que seus seguidores acessassem os "chans" para combater os usuários dos fóruns de discussão.

O vídeo, devidamente editado, seria usado mais tarde por seus opositores. O deputado federal Carlos Jordy, apoiador de Bolsonaro, foi um deles e acabou processado pelo youtuber por uma postagem de março de 2019. O parlamentar disse não só que a gravação ensinava crianças a acessarem a *deep web*, mas que os "assassinos de Suzano pegaram as informações p/ o massacre num dos sites após assistirem ao vídeo". O massacre ao qual Jordy se referia ocorreu no início de 2019, na cidade do interior de São Paulo, onde dois jovens entraram armados em uma escola e mataram cinco estudantes e duas funcionárias. Felipe acionou o deputado pedindo a exclusão da postagem no Twitter – o que conseguiu –, assim como reparação por danos morais. No início de 2020, o Judiciário determinou o pagamento de indenização de R$ 35 mil, mas Jordy ainda recorria.

Foi a partir de 2018, com seus assíduos comentários contra Bolsonaro, que Felipe se tornou alvo de notícias falsas e dos "bolsominions", segundo ele, gente que "não admite que se faça crítica ou piada ao capitão reformado". Em novembro daquele ano, Felipe reagiu com ironia e postou o vídeo "Felipe Neto vai destruir sua família". "Eles *(bolsominions)* estão numa campanha de produção de fake news em massa para boicotar o meu canal. O que, por sinal, está dando muito resultado, pois é só ver que eu sou o que mais ganha inscritos no Brasil", disse.

A associação do influenciador a conteúdos impróprios não parou por aí. Ganharam destaque na mídia, já em 2020, acusações da atriz e youtuber Antonia Fontenelle em lives e vídeos para os seus mais de dois milhões de inscritos. Ela embrulhou num só pacote o material produzido por Felipe que já havia sido alvo de polêmica: denúncias sobre o livro do youtuber lançado em 2017, o tutorial para acessar a *deep web* e o trecho de um vídeo em que ele ensina seguidores adolescentes a criarem contas no YouTube para maiores de 18 anos – o vídeo foi deletado meses após ir ao ar.

Antes de apontar as armas para Felipe, Fontenelle passou a circular com gente que se alinha em polo oposto ao do youtuber, casos do empresário Luciano Hang (dono da rede de lojas Havan), da deputada federal Bia Kicis e do pastor Silas Malafaia. Ela também se declara fã de Bolsonaro e o entrevistou duas vezes em seu canal no YouTube.

Felipe reagiu no Instagram. Disse se tratar de um "movimento difamatório liderado por gente que não gosta do seu posicionamento político". Explicou que foi feita uma nova tiragem do livro, sem a brincadeira "Casa, mata ou trepa", e que apenas alguns exemplares de uma edição residual ainda em circulação continham a seção. Quanto ao vídeo com o passo a passo para criação de contas acima de 18 anos no YouTube, ele alegou que o conteúdo foi analisado pelo Ministério Público de São Paulo e a denúncia, arquivada pela promotora responsável.

Em junho de 2020, Antonia voltaria à carga no Instagram. Ela afirmou que Felipe e Luccas fazem "dinheiro com crianças e adolescentes cujos pais ignoram o que seus filhos consomem na internet". Ainda os acusou de apresentarem conteúdos sexuais a menores. A atriz ilustrou o post com trechos isolados de vídeos feitos anos antes pelos irmãos: num recorte, o mais velho recomenda a uma seguidora que introduzisse um plug anal; em outro trecho sugere que Luccas está simulando sexo oral numa garrafa ao lado de uma criança – os dois vídeos não estão mais no ar nos canais dos irmãos.

Felipe e Luccas conseguiram, através da Justiça, a exclusão da postagem em caráter liminar e exigiram danos morais. No Tribunal de Justiça do Rio há várias ações dos irmãos Neto contra Antonia Fontenelle, sem conclusão até o início de 2021.

* * *

Felipe se tornou alvo de ataques de outros aliados de Bolsonaro, entre eles Marcelo Álvaro Antônio, então ministro do Turismo. Em setembro de 2020, ele postou em seu Twitter uma montagem para questionar a confiabilidade do recém-lançado livro de Luiz Henrique Mandetta, ex-ministro da Saúde, sobre sua gestão na pandemia. "Já nas bancas, ao lado dos livros pornográficos para crianças do Felipe Neto, #OVerdadeiroGenocida", escreveu Álvaro Antônio. A lista de políticos que acusam Felipe Neto de propagar pedofilia é extensa e inclui o deputado federal Hélio Bolsonaro e Bruno Engler, deputado estadual por Minas Gerais, ambos bolsonaristas de raiz.

Em novembro de 2020, a Delegacia de Repressão a Crimes de Informática (DRCI) apresentou um relatório de indiciamento contra Felipe por suspeita de crime de corrupção de menores. O delegado Pablo Dacosta Sartori iniciou sua análise com base num vídeo do YouTube com o título "Dossiê Felipe Neto – Tudo que você precisa saber [+18]", postado pelo mineiro Nikolas Ferreira. Na capa de seu canal, Nikolas estampava a frase: "A esquerda quer destruir o que ela odeia. Nós, conservadores, queremos conservar o que amamos".

Com 38 minutos de duração, o dossiê trazia quase 40 links de vídeos e lives feitas por Felipe a partir de 2016. O youtuber mineiro sustentava que, ao longo dos anos, o canal com mais de 40 milhões de seguidores apresentou conteúdo não recomendável para menores. Entre os vídeos impróprios, listava o "Desafio da camisinha (o de verdade!) [+13]", de 2017, em que Felipe critica jovens por não usarem preservativo e alerta para o aumento de casos de aids no país – segundo relatório do Unaids, o Programa Conjunto das Nações Unidas sobre HIV/Aids, o Brasil registrou alta de 3% naquele ano.

Nikolas Ferreira apresentou ainda trechos de "A-LIVE: Ménage é traição? [+13]", de novembro de 2016, em que Felipe aparece ao lado da influenciadora Manoela Duarte fazendo comentários sobre assuntos diversos, alguns de cunho sexual. Nikolas encerra o vídeo com um recado: "Sim, Felipe Neto. Você faz conteúdo impróprio para crianças de 13 anos. Seu público não é obrigado a ouvir todos esses palavrões, todas essas piadinhas de conotações sexuais que nós temos aqui".

A divulgação do caso pela Polícia Civil do Rio alimentou as redes sociais dos adversários de Felipe. Damares Alves, a ministra da Mulher, da Família e dos Direitos Humanos do governo Bolsonaro, postou em seus perfis: "Explicando: primeiro o MP aceita as denúncias. Agora, a delegacia de crimes cibernéticos instaura inquérito por corrupção de menores. Segundo o artigo 224-B do Código Penal, a pena é de até quatro anos de reclusão. Neste país temos defensores da infância!".

O relatório de indiciamento produzido pela Delegacia de Repressão a Crimes de Informática foi entregue ao Ministério Público do Rio. "Isso é uma perseguição puramente política. Eu quero mostrar para vocês que estou muito tranquilo quanto ao caso, pois não há possibilidade condenatória. O que a gente tem que se preocupar é com a narrativa. O que eles querem é que todo pai e mãe do Brasil achem que eu sou um corruptor de menores", reagiu Felipe em uma live no dia seguinte à divulgação da investigação.

Em dezembro de 2020, o Ministério Público do Rio e Felipe Neto assinaram um Termo de Ajustamento de Conduta (TAC). De acordo com a 1ª Promotoria de Justiça de Tutela Coletiva da Infância e Juventude da Capital, "houve inadequação do conteúdo, com a necessidade da intervenção do MP-RJ no fomento a políticas de proteção e adequação da legislação para a efetiva proteção de crianças e adolescentes no ambiente virtual". Felipe aceitou gravar um vídeo abordando a temática indicativa no acesso à internet, com explicações sobre as faixas etárias dos conteúdos, além de alterar as classificações de alguns de seus vídeos.

Já Nikolas Ferreira ganhou o apoio de Jair Bolsonaro, em uma live, para a sua candidatura à Câmara de Vereadores de Belo Horizonte, pelo PRTB. Foi eleito como o segundo mais votado, com 29.320 votos.

No fim de 2020, a narrativa contra Felipe e sua suposta predisposição de desvirtuar a juventude brasileira era a mais forte arma nas mãos dos adversários na tentativa de atingi-lo. Foi, ao mesmo tempo, o ano de reconhecimento da relevância de Felipe: sua influência passou a alcançar o mundo.

23
INFLUENCIADOR
INTERNACIONAL

"Congrats to YouTube creator Felipe Neto for making the 'Time' 100 list!". A frase em inglês é de Susan Wojcicki, diretora executiva do YouTube desde 2014. A americana, que ocupava cargos no Google antes da compra da plataforma de vídeos, foi eleita pela revista "Forbes" uma das mulheres mais poderosas do mundo entre 2011 e 2014, assim como integrou as listas da "Fortune" como uma das top de negócios entre 2010 e 2013. Em português, a frase de Susan é simples assim: "Parabéns ao youtuber Felipe Neto por estar na lista da 'Time' 100!". A revista, referência internacional, todos os anos apresenta sua lista das cem pessoas mais influentes do planeta, em categorias que englobam política, artes etc.

"Eu queria dizer umas coisinhas a mais. Eu não estaria nessa lista da 'Time' 100 se não fosse minha mãe, a Bruna e meu pai. Eles poderiam ter me forçado a parar, a desistir da luta, por medo. Eles correm risco junto cmg sem fazerem nd de 'errado', mas o q eles me deram foi FORÇA!", disse Felipe em seu perfil no Twitter.

O anúncio foi feito em 23 de setembro de 2020. Felipe soube com alguma antecedência e, horas antes, postou em suas redes que comunicaria ainda naquela data algo que marcaria a sua vida, gerando muita expectativa. Poucos brasileiros integraram a lista até então, entre eles os ex-presidentes Lula e Dilma Rousseff, os empresários Eike Batista e Jorge Paulo Lemann, o ex-ministro do STF Joaquim Barbosa, o ex-juiz Sergio Moro e o jogador Neymar. Na edição de 2020, além de Felipe, outro brasileiro figurou na seleção dos cem mais influentes do mundo: Jair Messias Bolsonaro.

A "Time" convida personalidades para escrever um texto sobre cada um dos homenageados. Coube ao deputado federal David Miranda, que empunha a bandeira da defesa LGBT, falar sobre Felipe. "Sua precoce notoriedade foi gerada pelo alimento padrão para adolescentes on-line: videogames, celebridades e meninas. Mas com a eleição de 2018 do presidente de extrema-direita Jair Bolsonaro e o fortalecimento de seu movimento protofascista, Neto, arriscando sua marca e segurança, redirecionou sua popularidade para se tornar um dos oponentes mais eficazes de Bolsonaro", disse.

As felicitações entupiram os canais de Felipe. Ele postou e repostou mensagens em seu perfil no Twitter até as três horas da madrugada. Replicou o texto de Miranda, de Manuela D'Ávila e de Ciro Gomes. Fez o mesmo com textos de jornalistas e matérias de sites de veículos de comunicação.

No dia seguinte, Felipe comemorou em suas redes sociais ter sido notícia no "Jornal Nacional", da TV Globo: "Oi gente, tudo bom? Eu não sei lidar com isso aqui não. Tenho nem roupa pra tudo isso q tá acontecendo. É a segunda vez no ano que o William Bonner fala de mim no 'Jornal Nacional' e eu tenho que fingir que não estou surtando que nem uma criança que ganhou o primeiro videogame".

O destaque principal, porém, foi para Jair Bolsonaro. O telejornal abriu a reportagem mostrando como o presidente da República fora descrito pela revista americana, grifando as menções à sua posição política de "extrema-direita" e a insistência em minimizar a pandemia. Em entrevistas, Felipe contou que, de início, achou que o reconhecimento era brincadeira. Uma mistura de precaução em tempos de notícias falsas e golpes digitais com o ceticismo característico dos botafoguenses.

* * *

Foi um momento de alegria em meio a dias difíceis. Felipe enfrentara um período de forte depressão, com acompanhamento médico. "A depressão é uma doença da qual a gente não tem qualquer controle. Há dez anos eu tomo medicação todos os dias. Eu tentei parar. Não lembro se algum de vocês viu, mas na virada desse último ano eu falei: 'Pô, mudei uma coisa na minha vida e vou esperar para ver se funciona, porque eu estou superfeliz'. Eu tinha parado de tomar antidepressivo e não deu certo. Por volta de fevereiro eu comecei a ter sintomas obsessivos", comentou, em um vídeo postado no dia 18 de setembro, cinco dias antes do anúncio da "Time".

Sua depressão não é mistério para os fãs. Ele fala abertamente no YouTube e em redes sociais. Entre os amigos, porém, não deixa transparecer a doença a ponto de preocupar.

– A crise pessoal ele internaliza mais atualmente. Porque virtualmente Felipe é muito presente. Ele se defende muito da doença estando com a galera, falando, zoando, e acaba se sentindo acolhido. Às vezes, some, eu não sei o que está acontecendo, mas normalmente é por conta de trabalho – diz um amigo.

Ao voltar para a casa da mãe em 2008, antes de começar a trajetória no YouTube, Felipe passava dias trancado no quarto, sem querer fazer nada, nem mesmo levantar da cama. Alternou bons e maus momentos ao longo dos anos. Os amigos de infância lembram que era nítido que algo o fazia sofrer. As melhores fases coincidiram com momentos de afeto e de carinho dos mais chegados.

Durante a pandemia, Felipe mudou alguns dos seus hábitos. Adquiriu equipamentos para a higienização, como um *dispenser* de álcool em gel acionado com o pé, instalado na entrada de sua casa, e um embalador de calçados. Por um período, seus funcionários – tanto da parte doméstica quanto os responsáveis pela segurança – passaram a dormir no serviço.

A reclusão, que para muita gente foi um drama, para Felipe não representou mudança significativa. Desde a explosão da sua popularidade, em 2017, ele se tornou mais reservado, quase um eremita. Sem sair durante a pandemia, gravou os vídeos de casa, totalmente à vontade, calçando uma *mule waterfront*, modelo de chinelos da grife francesa Louis Vuitton, que custa por volta de R$ 3 mil. Ele não usa sandálias de dedo: prefere as do tipo *slide*, com apenas uma tira horizontal.

***

A despeito da influência da família sobre religião – a avó e a mãe são católicas praticantes –, Felipe se considera agnóstico, alguém que não vê comprovações da existência ou não de divindades. Sua crença espiritual, inclusive, causou alvoroço na internet no vídeo "Felipe Neto é ateu?", postado em julho de 2016, quando falou sobre o tema. "O que é ateu para você? (...) Se a sua concepção de ateu é eu não acreditar em nenhuma religião, então, sim, eu sou ateu. Eu não sigo absolutamente nenhuma religião", disse o youtuber na gravação.

No dia em que o vídeo foi ao ar ele perdeu cerca de 1.600 inscritos no canal, além de receber xingamentos e ataques nos comentários do YouTube. "Pessoas estão se desinscrevendo do meu canal por eu dizer q não acredito no Deus q elas acreditam. Isso é o amor cristão?", questionou em seu Twitter, horas após a repercussão negativa do conteúdo. O vídeo e a postagem foram deletados.

Nos primeiros meses da pandemia, o tempo em casa fez Felipe se voltar ainda mais para os livros, principalmente os de ficção científica e sobre mundos fantásticos – a série "Harry Potter" tem lugar cativo na sua cabeceira. Da paixão pela literatura surgiu a escolha do seu filme favorito: a trilogia "O Senhor dos Anéis", baseada nos três volumes escritos por J. R. R. Tolkien, sobre a luta de anões, elfos, hobbits e humanos contra forças malignas.

Também durante a longa quarentena Felipe elogiava recorrentemente as obras que acabara de ler, como forma de incentivar os fãs a fazerem o mesmo. Buscou títulos também sobre comportamento, disseminação de fake news e política econômica. Já a paixão por música não é a mesma que por literatura, cinema e televisão. Até ouve um som, mas não acompanha as novidades e só guarda nomes de bandas e de artistas preferidos: Michael Jackson, U2, The Offspring, System of a Down e as "divas" do pop Beyoncé, Rihanna, Lady Gaga e Katy Perry.

Felipe carrega da juventude algum interesse por bandas nacionais como Capital Inicial, Legião Urbana, Skank, Titãs e Paralamas do Sucesso, mas é difícil vê-lo citar algum grupo fora desses. No passado, dizia que o sertanejo era "lixo do caralho". "Vocês estão acabando com a cultura brasileira. Não tem mais rock, axé e pagode. Só sobrou sertanejo e a Anitta. Qualquer cara faz uma porra de uma carreira na música sertaneja, escreve uma letra lixo e vocês transformam num ídolo da música brasileira", esbravejou em 2015. Tempos depois, Felipe tentou se justificar: disse não ser contra o gênero e que o sertanejo até tem "um lugar em seu coração". Seguiu a mesma linha ao reduzir o tom das críticas no passado recente a Wesley Safadão, "que escreve uma letra lixo, uma letra de idiota, de retardado e vocês transformam em um ídolo da música brasileira". Adiante, afirmou que jamais desejou mal ao artista.

* * *

Felipe é um notívago. Normalmente encerra seu período de trabalho tarde da noite. Quando levanta da cadeira para relaxar costuma ir à sala de cinema assistir a filmes e séries, entre elas "Brooklyn Nine-Nine", comédia policial que gira em torno do inspetor Jake Peralta, interpretado por Andy Samberg. Por um bom tempo os monitores do computador que fica em seu escritório tinham como plano de fundo uma foto com o elenco da série. Antes de dormir, ele tira 30 ou 40 minutos para ler, sempre com o ar-condicionado em temperatura quase glacial. Em uma postagem no Twitter, contou que faz "leitura semidinâmica". Consegue ler cerca de 130 páginas em uma hora e meia.

Por vezes, já tarde da noite, faz um lanche, mas é assumidamente uma negação na cozinha. Sua inabilidade foi tema de um vídeo postado no YouTube pela chef argentina Paola Carosella, ex-jurada do reality show "Masterchef", da TV Bandeirantes. Em janeiro de 2021, ela ensinou Felipe a fritar um ovo.

A alimentação do youtuber, por sinal, mudou nos últimos anos. Antes de cortar todos os tipos de carne da dieta, ele recusava boa parte das frutas e verduras, e costumava tripudiar das pessoas que seguiam um regime mais saudável – já chegou a fazer comentários gordofóbicos ao colega Bruno Correa, a quem pediu desculpas tempos depois. Desde que se tornou vegetariano, vem se sentindo mais disposto. Em suas redes sociais, principalmente no Instagram, volta e meia posta alguns de seus novos pratos. A digestão, inclusive, é um assunto recorrente: ele tem um grau leve da Doença de Crohn, inflamação nas paredes do trato digestivo, que causa dores, diarreia e perda de peso.

Felipe também sofre de Transtorno do Déficit de Atenção com Hiperatividade (TDAH), disfunção neurobiológica que aparece geralmente na infância. Há anos precisa tomar remédios. Em abril de 2021, numa postagem no Twitter, se disse com "vários impeditivos q pessoas ao redor não têm".

Outro problema que Felipe enfrenta são as acnes. Recorrentemente as espinhas explodem em seu rosto. Em 2020, ele revelou que passava por um tratamento para corrigir a baixa produção de testosterona, algo diagnosticado um ano antes. O youtuber garante não ser um defensor das teorias sobre uso contínuo de vitaminas, mas a saúde é um assunto caro para ele.

É notória, também, sua dificuldade em lavar louça. Diz que prefere qualquer outra tarefa doméstica – até lavar o banheiro – a ficar em frente à pia da cozinha. A casa, aliás, é arrumada pelos funcionários. Mas ele brinca que não entende "o conceito de arrumar a cama", já que nunca iria receber visitas em seu quarto.

De qualquer forma, Felipe tem plena noção dos prós e contras do ritmo intenso de trabalho. Em setembro de 2020, postou em seu perfil no Twitter um elogio ao livro "A sociedade do cansaço", de Byung-Chul Han, filósofo e ensaísta sul-coreano, professor da Universidade de Artes de Berlim. A obra aborda a avaliação dos indivíduos a partir do desempenho profissional. "Sem dúvida, um dos melhores livros que já li. Nossa saída da 'sociedade disciplinar' para virarmos uma 'sociedade de desempenho' trouxe muitos benefícios, mas arruinou a saúde mental humana. A situação é grave", comentou.

24
PRÓXIMAS
BATALHAS

A presença de Felipe Neto nas grandes discussões do país tende a aumentar. O assunto poderá ser internet, publicidade, economia, comportamento ou política, ainda mais com a aproximação das eleições presidenciais de 2022. Ele continuará a ser cobrado pelos comentários do passado e, na visão de amigos, paga um preço alto por não abrir mão de viver e trabalhar no Brasil.

– É um cara que mora no Rio e que gasta um dinheiro alto com segurança. Felipe, inclusive, poderia sair do país, mas isso é uma questão pessoal. E essa questão de política é bem delicada, que nem eu entrei e não pretendo entrar. Lógico que tenho minhas opiniões, mas na maioria das vezes não posso externar aquilo que penso. Ele teve essa coragem – diz Flávio Augusto da Silva, dono da Wise Up.

Do ponto de vista legal, a mudança de país seria simples: Felipe tem dupla cidadania, já que a família por parte de mãe é portuguesa e poderia escolher qualquer país da Europa para viver. O irmão caçula, Luccas, é dono de uma casa em Orlando, na Flórida. "Eu gasto muito dinheiro com advogado. Na verdade, fiz os cálculos e o que eu gasto com advogado e segurança daria para morar em qualquer lugar do mundo e economizar dinheiro. Ou seja, pegaria o dinheiro e iria morar em Paris", disse numa live em dezembro de 2019 ao comentar os processos que move ou enfrenta na Justiça. Bruno Correa, seu parceiro em boa parte das produções, embarcou na conversa e perguntou: "Partiu Paris?". Felipe respondeu: "Não dá, né, cara. Não dá para abandonar".

Problemas à parte, ele investe dinheiro e energia na Play9 e aposta em influenciadores e em conteúdos cada vez mais de cunho social e voltados para a educação. Disseminar conhecimento domina o trabalho de Felipe desde 2017. Em entrevista para o livro "O clube dos youtubers" (Gutenberg Editora), de Filipe Vilicic, lançado em 2019, o influenciador falou de suas motivações. "Continuo com zero interesse em ser político. Só que me apaixonei por um projeto que pretendo levar como objetivo de vida nos próximos anos. É sobre educação. É importante falar da importância do ensino da criatividade e do controle cognitivo. (...) Vou mudar a educação de fora para dentro", disse.

* * *

Felipe também defende a educação digital, desde a infância. Na conversa com o ministro Luís Roberto Barroso, ele reforçou a necessidade de apresentar o mundo digital à população, independentemente da idade. "Não houve, em nenhum momento no Brasil, educação digital. Não ensinamos às pessoas como usar a internet. Uma pessoa tem dificuldade de entender o que é uma notícia do jornal e o que é uma mensagem do WhatsApp", disse: "A necessidade de educação digital é urgente [...]. A solução demora, mas ela está enraizada na educação".

Para Felipe, a educação digital é uma forte aliada da democracia. Ele prega alternativas para manter a rede livre da desinformação e hostil a quem tem intenção de usá-la para a prática de crimes. "O problema do Brasil em relação às fake news, na minha visão, só tem dois caminhos de solução, e esses dois caminhos não têm rigorosamente nada a ver com a criação da lei de fake news. São o incentivo e o investimento absurdamente massivo em educação digital, para que o povo brasileiro aprenda a usar a internet. (...) O segundo é o investimento na Polícia Federal e nas técnicas de investigação para se chegar à origem dessas quadrilhas que montam a articulação do ódio", argumentou no seminário Educação 360°, organizado pelo jornal "O Globo", em setembro de 2020.

O investimento público em educação digital, segundo Felipe, demanda a atualização dos professores, principalmente os de ensino médio. Não faz sentido, para ele, que a grade escolar brasileira ainda não ofereça conteúdos para o desenvolvimento dessa área do conhecimento.

Em dezembro de 2020, Felipe anunciou a criação do Instituto Vero, organização sem fins lucrativos para fomentar projetos de educação digital de uso consciente da internet e de combate à desinformação: reservou R$ 100 mil para o início dos trabalhos, previsto para julho de 2021. Serão ministrados cursos e palestras por nomes relevantes, entre eles os da influenciadora Nilce Moretto, do medalhista olímpico e sócio Marcus Vinicius Freire, do comunicador Estevão Slow, do filósofo Silvio Almeida e do pesquisador Caio Machado, que presidirá o instituto.

O Instituto Vero não terá qualquer ligação com uma visão partidária, mas a ação educativa pode contribuir para o combate a fake news e, em última análise, para a preservação da democracia. Felipe, no entanto, descarta uma candidatura a cargo eletivo. Ele não acredita que seja a forma ideal de ajudar o país. "Eu quero, sim, contribuir para um Brasil melhor, mas eu posso fazer muito mais do lado de fora da política, principalmente via terceiro setor, através de financiamento de institutos e ONGs", disse em entrevista ao "Globo", em setembro de 2020.

Até o primeiro trimestre de 2021, Felipe não estava filiado a sigla partidária ou a qualquer grupo ideológico. Seu CPF também não constava dos registros de contribuições de campanhas, tampouco seu CNPJ.

– O interesse dele é lutar por uma agenda progressista. São questões mais de valores do que propriamente partidárias. Ele tem uma noção também de que tem um problema fundamental de educação, que a gente tem de educar as pessoas a usarem a internet, de serem críticas – diz o pesquisador Caio Machado, especialista em desinformação em ambientes digitais e o futuro presidente do Vero.

Embora não queira ser associado a partido ou chapa, sua chancela tem muito valor numa disputa eleitoral. Nas eleições municipais de novembro de 2020, Felipe anunciou que se manteria neutro. "Você já viu aí pessoas incentivando determinados políticos e se arrependendo amargamente daquilo que fizeram. Agora, com Bolsonaro, é um belo exemplo disso. Eu acho muito complicado encontrar alguém que eu diria que é 'essa pessoa que eu coloco as minhas fichas e eu aposto nela para alguma reformulação na política nacional'", disse na entrevista ao programa "Roda viva".

Mas com o início da campanha de 2020, Felipe não se absteve: na disputa pela prefeitura do Rio, criticou a esquerda "pela falta de união" entre as candidatas Delegada Martha Rocha (PDT) e Benedita da Silva (PT). As duas disputaram o mesmo perfil de eleitorado e ficaram fora do segundo turno. Ele, então, declarou voto em Eduardo Paes, do DEM, que derrotou Marcelo Crivella, do Republicanos.

As manifestações mais abertas de apoio, porém, foram para candidaturas de São Paulo e de Porto Alegre. Na capital paulista,

Felipe demonstrou entusiasmo por Guilherme Boulos, do PSOL. Fez uma live diferente com ele, em que conversavam e jogavam o game Among Us. Repetiu o modelo com Manuela D'Ávila, do PCdoB, que disputava a prefeitura de Porto Alegre. Ambos receberam apoios declarados, com postagens de incentivo, exaltando os respectivos planos de governo, e críticas aos adversários – os dois foram derrotados no segundo turno.

Na mesma época, Felipe foi processado por Ricardo Nunes, do MDB, candidato a vice-prefeito na chapa de Bruno Covas, do PSDB, adversário de Boulos em São Paulo. Nunes pediu à Justiça Eleitoral a retirada do ar de uma postagem do youtuber com comentários sobre suspeitas de desvio de verba pública que recairiam sobre ele. A Justiça Eleitoral negou o pedido.

A postura de Felipe nas eleições municipais foi uma espécie de *teaser*, uma prévia de sua atuação no pleito de 2022. "Vou apoiar qualquer coisa que chegue ao segundo turno contra o Bolsonaro. Seja *(Luciano)* Huck, *(Fernando)* Haddad, Lula, Marina *(Silva)*, Ciro *(Gomes)*, *(João)* Doria ou Tiririca", disse ao "Estado de S. Paulo", em novembro de 2020, citando também que a derrota do bolsonarismo seria comparável à de Donald Trump.

Em dezembro de 2020, uma lista encomendada pelo Ministério da Economia a uma empresa de marketing dividiu jornalistas e influenciadores em três grupos: "favoráveis às ideias da gestão do ministro Paulo Guedes", "neutros às articulações econômicas" e "detratores". A iniciativa beirava o ridículo e foi criticada por todo o espectro político. Felipe fez piada, mas reforçou a indignação diante da ação com dinheiro público. "Funciona como um alerta. Quando você me pergunta qual a consequência para o meu bem-estar de saúde mental, eu digo que é negativo. Saber que eu estou nessa lista é uma razão de preocupação. Tenho que atender ao telefonema do meu pai e explicar para ele por que essa lista existe, e para minha mãe a mesma coisa", disse ao UOL.

Reservadamente, Felipe avisou aos mais próximos: vai remover da sua vida quem "queimar" voto no atual momento que o país vive. Disse isso em março de 2021, já pensando em 2022 e na possibilidade de Bolsonaro buscar a reeleição.

Os adversários temem que Felipe mobilize eleitores. O site Social Blade apresenta uma projeção sobre o número de seguidores que ele terá só no Twitter em julho de 2022, no início da campanha presidencial: 14,9 milhões. Já Bolsonaro não passaria dos sete milhões. Até abril de 2021, o então presidente da República contava com 6,7 milhões de seguidores e Felipe, com quase o dobro (13,2 milhões). É um cacife alto no mundo das apostas políticas, com perdas e ganhos. Ao mesmo tempo em que é reconhecido como uma das cem pessoas mais influentes do mundo, sofre ameaças e tem que afastar a família do convívio diário.

Mas é inegável que a militância ajudou no processo de amadurecimento de Felipe. Ele deixou para trás as picuinhas com youtubers, que alimentavam canais de fofocas, e fez aliados, como Felipe Castanhari, antigo detrator e detratado. Passou a circular por novos ambientes e a ser ouvido com atenção. A postura de analisar os principais assuntos do momento provoca reações de figuras públicas e anônimas. Algumas insistem em diminuir sua influência política e o chamam de "biscoiteiro", alguém que busca recorrentemente atrair atenção ou fazer algo para ganhar elogios na internet. Um exemplo dessa ânsia pelo holofote foi o comentário feito à obra de Machado de Assis, em janeiro de 2021. Disse que os livros do autor "não são para adolescentes" e que geram "jovens que acham a leitura um saco".

Mesmo sob críticas, Felipe não parece disposto a tirar a capa de super-herói. Não o incomoda a imagem de defensor dos fracos. Por mais que diga pensar diariamente em dar um "passo atrás" na luta que trava contra bolsonaristas e conservadores – em função das ameaças sofridas por sua família e o alegado prejuízo financeiro –, seu sonho, após os anos de luta, é olhar para o passado e não se arrepender de sua trajetória.

"Eu acho que é muito mais consciência do que alegria, ainda mais no momento que a gente está vivendo. Estamos apanhando tanto, que eu acho que estamos plantando para daqui a um tempo olhar para trás e falar: 'Mano, se não fosse aquilo lá, se não tivesse tanta gente lutado, se não tivesse tanta gente dado a mão, a gente não teria chegado aqui'. Vale a pena perder todos os contratos de publicidade? Vale. Vale perder milhões e milhões de reais? Vale. Mas valeu a pena? Ainda não. A gente ainda está muito afundado na bosta. Mas um dia eu tenho certeza de que vamos olhar para trás e dizer: 'Valeu a pena'", afirmou em agosto de 2020 no encontro digital Panorama Sociedade Viva.

Tudo indica que muitas páginas ainda serão escritas.

AGRADECIMENTOS

Este livro foi feito durante a pandemia e dividi praticamente todos os momentos de sua produção com Estela de Andrade, minha parceira de todas as horas, confidente e amiga. A ela devo dicas, observações e puxões de orelha fundamentais nesta jornada. Amo você.

A Ancelmo Gois, Ana Cláudia Guimarães e Telma Alvarenga, pelo apoio à produção em meio à rotina agitada de uma coluna diária. Alicerces fundamentais.

Aos amigos de infância Eduardo Butter e Heitor Maia, que controlaram minha ansiedade e deram força para avançar a cada página.

A Bruno Alfano, Luã Marinatto, Rafael Soares e Tiago Rogero, amigos que o jornalismo me deu, mesmo em tão pouco tempo de trajetória, e que acompanharam com muito incentivo a produção deste livro ao longo de dez meses.

A Marcelo Senna, Mônica Pereira e Octavio Guedes, referências no jornalismo, que abriram portas para mim com a oportunidade que mudou minha carreira em 2016, ao assumir a Coluna do Servidor do "Extra". A Octavio também devo a decisiva recomendação para escrever este livro.

A Bruno Thys e Luiz André Alzer, agradeço, antes de tudo, pela confiança no meu trabalho e pela paciência e orientação com um escritor de primeira viagem.

A Carlos Antônio Bandeira de Mello, parceiro numa pesquisa inicial para começar a pensar neste trabalho, meu muito obrigado. Também devo a todos que aceitaram dar seus relatos a respeito de uma figura chave no atual momento do país.

BIBLIOGRAFIA E OUTRAS REFERÊNCIAS

AMORIM, Érica; e BLANCO, Maurício. *Coleção Estudos da Cidade – O Índice de Desenvolvimento Humano (IDH) na Cidade do Rio de Janeiro.* Rio de Janeiro, 2003.

CARDOSO, Adalberto (coord). *Coleção Estudos Cariocas – Desenvolvimento humano e condições de vida na cidade do Rio de Janeiro.* IUPERJ/IPEA/IPP/Prefeitura da Cidade do Rio de Janeiro. Rio de Janeiro, 2004.

COSTA, Bruno César Simões. *Personagens de si nas videografias do YouTube.* Revista ECO-Pós, v. 12, nº 2. Rio de Janeiro, 2009.

NETO, Felipe. *Não Faz Sentido: por trás da câmera.* Rio de Janeiro: Casa da Palavra, 2013.

NETO, Felipe. *Felipe Neto – A trajetória de um dos maiores youtubers do Brasil.* Rio de Janeiro: Editora Coquetel, 2017.

KARHAWI, Issaaf. *De blogueira a influenciadora: etapas de profissionalização da blogosfera de moda brasileira.* Porto Alegre: Sulina, 2020.

VILICIC, Felipe. *O clube dos youtubers: como ícones rebeldes construíram o maior fenômeno da internet e se tornaram os principais influenciadores da juventude brasileira.* Belo Horizonte: Editora Gutemberg, 2019.

JORNAIS, REVISTAS, SITES E REDES SOCIAIS
Agência Estado, Câmara dos Deputados, Canal Tech, Conar, Conjur, Controle Remoto (desativado), Criança e Consumo, Cult, Época, Estado de Minas, Folha de S. Paulo, Facebook, Forbes, G1, Instagram, Meio & Mensagem, Memória EBC, Ministério Público do Estado do Rio de Janeiro, Núcleo Jornalismo, O Globo, Papo de Homem, Play9, Projeto Draft, Revista USP, Science, Social Blade, Sociedade Brasileira de Terapia de Vida Passada, Tech Tudo, The New York Times, Time, Thinkwith Google, Tribunal de Justiça do Estado do Rio de Janeiro, Trip, Twitter, UOL, Valor Econômico, Veja Rio, YouTube Google Blog.

PROGRAMAS DE TV, PODCASTS E ESPECIAIS CONSULTADOS
Esporte Espetacular, Felipe Neto – Minha Vida Não Faz Sentido, Greg News, GloboNews, Jornal Nacional, Multishow, Prazer, Karnal, Roda Viva, Superpop!, VMs.

CANAIS NO YOUTUBE CONSULTADOS
1006 Coisas, Antonia Fontenelle, Armando Alvares Penteado Foundation (FAAP), Bastidores da Família Neto, Bruna Gomes, Bruno Correa, Canal do Rica Perrone, Canal do TF – Tudo sobre o Glorioso, Canal IN, Cortes do Flow, Felipe Neto (Antes Não Faz Sentido), Felipe Neto, Flow Podcast, FRED, GIOH, Guerreiros do Coração, i000313, Luccas Toon, Mano Geisson Vlogs, MrPoladoful, New York Treta, Nikolas Ferreira, Paola Carosella, Parafernalha, Programa do Porchat, Rafi Bastos, Reposts das Interwebs, Silas Malafaia Oficial, Talk Cortes, Tharcisio Lahan, Treta News, UOL.

CRÉDITOS DAS IMAGENS

Página 97 – Leo Aversa/Agência O Globo
Página 98 – Reproduções/internet (fotos de Felipe criança) e arquivo pessoal
Página 99 – Arquivos pessoais
Página 100 – Reprodução/Instagram e reprodução/internet (Felipe com a avó)
Página 101 – Reproduções/Instagram
Página 102 – Reprodução/Instagram (foto maior), reprodução/internet (Felipe e Luccas crianças) e reprodução/YouTube
Página 103 – Daniel Chiacos/Serendipity Inc. (foto maior) e Reproduções/YouTube
Página 104 – Leo Martins/Agência O Globo (foto maior) e reprodução/YouTube
Página 105 – Leo Martins/Agência O Globo (foto maior) e reproduções/Instagram
Página 106 – Divulgação/Multishow (Felipe sozinho) e reprodução/Multishow
Página 107 – Divulgação/Rede Globo (Felipe com roupa de boxe), reprodução/Rede Globo e divulgação/Wise Up
Página 108 – Fotos Vitor Silva/Botafogo FR
Página 109 – Reprodução/Instagram (foto maior), reprodução/internet (Felipe criança) e Vitor Silva/Botafogo FR
Página 110 – Reprodução/internet (foto maior) e reprodução/Instagram
Página 111 – Fotos Leo Aversa/Agência O Globo
Página 112 – Reproduções/Instagram
Página 113 – Reproduções
Página 114 – Reprodução/Time e arquivo pessoal

Página 115 – Reprodução/Instagram (Harvard), reprodução/TV Cultura e reprodução/YouTube
Página 116 – Reproduções/The New York Times
Página 117 – Reprodução/Rede Globo, reprodução/Twitter e reprodução/processo Nº 0026077-98.2020.8.19.0209
Página 118 – Reproduções/YouTube
Página 119 – Reproduções/YouTube
Página 120 – Reproduções/YouTube

Este é um livro jornalístico, sem filtro ideológico. O trabalho está em conformidade com o artigo 5 da Constituição. Ainda assim, se algum leitor detectar qualquer imprecisão ou incorreção nos fatos narrados ou nas imagens que ilustram o conteúdo, os editores se prontificam a reexaminá-los e fazer as correções. Basta, para isso, enviar a informação ao endereço contato@maquinadelivros.com.br.

Este livro utilizou as fontes Glober e Baskerville. A primeira edição foi impressa na Gráfica Rotaplan em maio de 2021, quando Felipe Neto tinha 42 milhões de inscritos em seu canal no YouTube, 13,4 milhões de seguidores no Twitter e outros 13,8 milhões no Instagram.